中國學術思想 研究輯刊

三二編

林慶彰 主編

第4冊

中國經學研究會年會論文集
——走出荒經時代（下）

本書主編 司馬朝軍

花木蘭文化事業有限公司

國家圖書館出版品預行編目資料

中國經學研究會年會論文集——走出荒經時代（下）／本書
主編 司馬朝軍 -- 初版 -- 新北市：花木蘭文化事業有限公司，
2020〔民109〕
目 2+148 面；19×26 公分
（中國學術思想研究輯刊 三二編；第 4 冊）
ISBN 978-986-518-276-2（精裝）
1. 經學 2. 文集
030.8   109011227

中國學術思想研究輯刊

三二編 第四冊   ISBN：978-986-518-276-2

中國經學研究會年會論文集
——走出荒經時代（下）

本書主編　司馬朝軍
主　　編　林慶彰
總 編 輯　杜潔祥
副總編輯　楊嘉樂
編　　輯　許郁翎、張雅淋　美術編輯　陳逸婷
出　　版　花木蘭文化事業有限公司
發 行 人　高小娟
聯絡地址　235 新北市中和區中安街七二號十三樓
　　　　　電話：02-2923-1455 ／傳真：02-2923-1452
網　　址　http://www.huamulan.tw 信箱 hml810518@gmail.com
印　　刷　普羅文化出版廣告事業
封面設計　劉開工作室
初　　版　2020 年 9 月
全書字數　278279 字
定　　價　三二編 24 冊（精裝）新台幣 60,000 元

中國經學研究會年會論文集
——走出荒經時代（下）

司馬朝軍　主編

目

次

下 冊

傳統禮學範式及其文化轉向

曾軍

摘要：古代史志和圖書目錄中的禮學類目可見傳統禮學範式，《漢書·藝文志》《隋書·經籍志》等史志目錄、《通典》《文獻通考》等制度史的經籍考，《四庫全書總目》的禮學分類體現禮學內涵的分化，《通志》等禮學子目反映禮學研究方法。禮學範式的現代轉化可稱之為文化轉向，教化問題變成文化問題，禮樂教化重《三禮》的理解與發明，明訓詁、名物、制度以通義理；禮樂文化注重民族文化品格與社會生活的重新認識。禮學研究必須重視《三禮》及其注疏的學術價值和傳統文獻考據方法的優長。

關鍵詞：傳統禮學；範式；文化轉向

作者簡介：曾軍，文學博士，黃岡師範學院文學院教授。

「範式」是「一個研究領域的合理問題和方法」〔註1〕，不同時代所關注的問題不同，研究的方法也會隨之轉變。禮學在古代社會通過詮釋經典傳播和發展，成為國家治理、社會規範與個體修養的核心要素，形成傳統禮學範式。現代學術體系下，禮學逐步探尋並重新確定學術重點問題和適用範圍。關注傳統禮學範式及其現代轉化對禮學研究的發展有積極意義。

一、古代圖書目錄中的傳統禮學範式

古代圖書目錄的分類、著錄、解題，皆可見學術類目的變化與治學方法。王鳴盛言：「目錄之學，學中第一緊要事，必從此問途，方能得其門入。」〔註2〕

〔註1〕〔美〕托馬斯·庫恩：《科學革命的結構》，北京大學出版社，2003年，第9頁。
〔註2〕〔清〕王鳴盛：《十七史商榷》卷一。

傳統禮學範式的發展脈絡可從圖書目錄中考鏡源流。

史志目錄禮類著述大類分合反映的是禮學研究內涵的變化。《漢書‧藝文志》是中國現存最早的圖書目錄，分 6 略 38 種。其「六藝略」著錄六經類著述，錄禮十三家：

> 《禮古經》五十六卷，《經》十七篇。后氏、戴氏。《記》百三十一篇。七十子後學者所記也。《明堂陰陽》三十三篇。古明堂之遺事。《王史氏》二十一篇。七十子後學者。《曲臺后倉》九篇。《中庸說》二篇。《明堂陰陽說》五篇。《周官經》六篇。王莽時劉歆置博士。《周官傳》四篇。《軍禮司馬法》百五十五篇。《古封禪群祀》二十二篇。《封禪議對》十九篇。武帝時也。《漢封禪群祀》三十六篇。《議奏》三十八篇。石渠。凡《禮》十三家，五百五十五篇。入《司馬法》一家，百五十五篇。

這是關於禮學最早的目錄，也是後世禮學的源頭。在這個目錄中，禮書方面，《儀禮》、《禮記》二名尚未出現，《周官》置於《禮古經》與《記》之後。《明堂陰陽》今不傳，《禮記》有《明堂位》一篇，記諸侯朝周公於明堂陳列之位，當屬禮之儀。禮典方面，有封禪群祀。特意提及「入《司馬法》一家」，「入」是增入、移入之意，表明本不屬禮類，而類附於禮，應是單書不成類。十三部書稱「十三家」，表明漢代經學重家法，禮學著述按照家法傳承著錄。反映了古代關於禮學分類的最早認識。班固曰：

> 漢興，魯高堂生傳《士禮》十七篇。訖孝宣世，后倉最明。戴德、戴聖、慶普皆其弟子，三家立於學官。《禮古經》者，出於魯淹中及孔氏，與十七篇文相似，多三十九篇。及《明堂陰陽》、《王史氏記》所見，多天子、諸侯、卿、大夫之制，雖不能備，猶倉等推《士禮》而致於天子之說。

班固之意，視《士禮》十七篇為禮經，師承明確，后倉傳戴德、戴聖、慶普。《禮古經》、《明堂陰陽》、《王史氏記》都是「推《士禮》而致於天子之說」，為《士禮》之流裔。

到《隋書‧經籍志》經部禮學敘錄，敘三禮學源流與篇目分合較詳，顯見《周官》六篇、古經十七篇、《小戴記》四十九篇的三禮學格局已經形成。別出單行者，有《儀禮》之《喪服》，《禮記》之《月令》、《明堂位》、《樂記》。《司馬穰苴兵法》還是歸於禮類。《小戴禮記》的篇目來源分析尤為詳盡：

漢初，河間獻王又得仲尼弟子及後學者所記一百三十一篇獻
之，時亦無傳之者。至劉向考校經籍，檢得一百三十篇，向因第而
敘之。而又得《明堂陰陽記》三十三篇、《孔子三朝記》七篇、《王
史氏記》二十一篇、《樂記》二十三篇，凡五種，合二百十四篇。戴
德刪其煩重，合而記之，為八十五篇，謂之《大戴記》。而戴聖又刪
大戴之書，為四十六篇，謂之《小戴記》。漢末馬融，遂傳小戴之學。
融又定《月令》一篇、《明堂位》一篇、《樂記》一篇，合四十九篇；
而鄭玄受業於融，又為之注。今《周官》六篇、古經十七篇、《小戴
記》四十九篇，凡三種。唯《鄭注》立於國學，其餘並多散亡，又
無師說。

這種增補篇目的說法也受到質疑。《隋書·經籍志》首《周官禮》，次《儀禮》
及《喪服》，次《禮記》。著錄之書有音義、大義、義疏、講疏、評、論、答
問、禮俗、雜儀、目錄、圖等類型，表明自漢至唐，禮學研究的方法已經基
本穩定。明黃虞稷《千頃堂書目》卷二「三禮類」，又將《儀禮》移前，次《周
禮》、《禮記》，《明史·藝文志》同之。

　　宋鄭樵《通志》屬通史，《通志二十略》把禮儀、器服與禮學經典分開，
有《禮略》、《器服略》和《藝文略》。《禮略》敘五禮禮儀，包括吉禮、嘉禮、
賓禮、軍禮、凶禮。《器服略》器物包括尊彝爵斝之制、歷代冕弁、君臣冠冕
巾幘等制度、后妃命婦首飾制度、天子車輅、鑾輿。《藝文略》禮學類分為《周
禮》、《儀禮》、《喪服》、《禮記》、《月令》、《會禮》、《儀注》七類，七類中《三
禮》為禮經，《喪服》《月令》是具有獨立學術意義的部分，《會禮》是關於禮
義的討論，《儀注》收錄私家儀注，與史部儀注類國家典制不同。這個分類，
一可見隋唐禮學明確區分典制、器服、儀範的不同，二可見以《三禮》為核
心、《喪服》、《月令》附庸蔚為大國的狀況。

　　典章制度史以唐杜佑《通典》、元馬端臨《文獻通考》為代表，其禮學分
類與史志目錄中禮學分類相同之處是，都將禮典與禮經區分開來，不同的是
杜佑不設經籍類，而馬端臨增加了經籍、帝系、封建、象緯、物異五門。禮
典有「郊社考」，包括：郊社、明堂、雩、祀五帝、祭日月、祭星辰、祭寒暑、
六宗四方、儀禮祀方明儀、社稷、祀山川、封禪、高禖、八蠟、五祀、籍田
祭先農、親蠶祭先蠶、祈禳、告祭、雜祠淫祠。有「宗廟考」，包括：天子宗
廟、后妃廟（私親廟）、祭祀時享、祫禘、功臣配享、祀先代帝王賢士、諸侯

宗廟、大夫士庶宗廟。有「王廟考」，包括：朝儀、巡狩、田獵、君臣冠冕服章。皆為吉禮。相比之下，「經籍考」禮類僅禮經、儀注、諡法、讖緯。馬端臨曰：

> 按三代之禮，其流傳於漢世，《周官》、《儀禮》、《戴記》三書而已，《藝文志》所述皆三書也。然其末則以《古封禪群祀》二十二篇、《封禪議對》十九篇、《漢封禪群祀》三十六篇、《議奏》三十八篇繼之，而皆以為《禮》家。按封禪，秦、漢之事，難廁其書於禮經之後，今析入《儀注》門。凡削四家，一百一十五篇云。〔註3〕

禮典禮制與禮書典籍分開，經籍中封禪從禮類移入儀注門。這樣的分類較為明晰，但也存在著疑問。禮典禮制記錄上古至近世的典制禮事，不再歸於禮類，這是將朝廷祭祀之禮從禮類分離。封禪因為是秦漢之後的事不能附錄與禮經，而移入儀注。

清《四庫全書總目》綜合考慮以上問題，分4部44類66目，經部分易、書、詩、禮、春秋、孝經、五經總義、四書、樂、小學10類。禮類之屬，以類區分定為六目：《周禮》、《儀禮》、《禮記》、《三禮總義》、《通禮》、《雜禮書》。其中，《周禮》除指出書名本為《周官》外，類目上無異議。《儀禮》之屬類附《喪服》，四庫館臣認為：「《儀禮》不專言《喪服》，而古來喪服之書則例附於《儀禮》。蓋《周官》凶禮無專門，《禮記》又《儀禮》之義疏。言喪服者大抵以《儀禮》為根柢，故從其本而類附也。」〔註4〕《喪服》早在漢代即已單行，《隋志》所錄，《喪服》之書多於《儀禮》。《禮記》之屬將《大學》、《中庸》移至《四書》類，「以所解者《四書》之《大學》、《中庸》，非《禮記》之《大學》、《中庸》。學問各有淵源，不必強合也。」〔註5〕《大戴禮記》則因「古不立博士，今不列學官」不能稱經，且二戴同源從其類附錄於《禮記》之末。《三禮總義》之屬，「鄭康成有《三禮目錄》一卷。此三《禮》通編之始。其文不可分屬。今共為一類，亦《五經總義》之例也。其不標三《禮》之名，而義實兼釋三《禮》者，亦並附焉。」〔註6〕《通禮》之屬，「通禮所陳，亦兼三《禮》。其不得並於三《禮》者，注三《禮》則發明經義，輯通禮

〔註3〕〔元〕馬端臨：《文獻通考》卷一百八十《經籍考七》，第 1549 頁。
〔註4〕〔清〕永瑢：《四庫全書總目》卷十九，北京：中華書局，1965 年，第 168 頁。
〔註5〕〔清〕永瑢：《四庫全書總目》卷十九，北京：中華書局，1965 年，第 176 頁。
〔註6〕〔清〕永瑢：《四庫全書總目》卷十九，北京：中華書局，1965 年，第 178 頁。

則歷代之制皆備焉。為例不同，故弗能合為一類也。」〔註7〕《雜禮書》之屬，「公私儀注，《隋志》皆附之《禮類》。今以朝廷制作，事關國典者，隸《史部·政書類》中。其私家儀注，無可附麗，謹匯為《雜禮書》一門，附《禮類》之末，猶律呂諸書皆得入《經部·樂類》例也。」〔註8〕

　　傳統禮學的學術分類至此可謂最終完成，禮典歸於史部政書類，分通制、典禮，與私家儀注分離。六目中前三目是《三禮》，後三目《三禮總義》、《通禮》、《雜禮書》，則既強調了《三禮》的中心地位，又考慮到禮學發展綜合、交叉的實際，儘量避免遺漏。

　　只是傳統禮學在源頭上為自身設置了一個難解的問題，那就是《禮記》內部分類問題。陳澧謂以分類法讀《禮記》，但《禮記》屬解經之雜記，包羅萬象，難以類分。任銘善指出：「《禮記》者，漢儒為《儀禮》之書，好古者務徵採，多存古義，網羅放失，不為區別，或不盡合乎《儀禮》之經，其文奧而儀繁與《儀禮》若，而名物制度之瑣碎紛若而不一致，其難窮則已過之。至其摭拾綴緝，既非一本，文異而義乖者，百慮殊途，錯出問見，雖有鄭、孔之學之精，而徇文以汩經，執矛以攻盾者往往不免。」〔註9〕

　　對《禮記》四十九篇進行分類的較早目錄學著述是漢劉向《別錄》，分制度、通論、喪服、世子、祭祀、子法、明堂陰陽、吉事、樂記九類。這種分類法被鄭玄《三禮目錄》完全遵從。只是這個分類並未建立一個統一的標準，這個分類揭示的很可能是當時禮的實際分工。鄭玄《三禮目錄》云：「名曰《曲禮》者，以其記五禮之事。祭祀之說，吉禮也；喪荒去國之說，凶禮也；致貢朝會之說，賓禮也；賓車旌鴻之說，軍禮也；事長敬老執贄納女之說，嘉禮也。此於《別錄》屬制度。」可知吉、凶、軍、賓、嘉等五禮歸屬於制度類。通論可與制度對舉，單列者喪服、祭祀、明堂陰陽、樂記為國家典制中意義重大者，世子、子法、吉事則為日常生活之意義最大者。《禮記》篇目中又存在內容雜糅者，如《曲禮》、《檀弓》等。

　　目錄的子目大體上是按研究方法分類的。《隋書·經籍志》禮類著錄之書有音義、大義、義疏、講疏、評、論、答問、禮俗、雜儀、目錄、圖等類型，表明自漢至唐，禮學研究的基本方法已穩定。《通志二十略》提供了更為具體

〔註7〕〔清〕永瑢：《四庫全書總目》卷十九，北京：中華書局，1965年，第179頁。
〔註8〕〔清〕永瑢：《四庫全書總目》卷十九，北京：中華書局，1965年，第182頁。
〔註9〕任銘善：《禮記目錄後案》，濟南：齊魯書社，1982年。

細緻的分類，其子目可謂是禮學研究方法的集合，幾乎包含了傳統禮學研究的所有方法。

《周官》包括：傳注、義疏、論難、義類、音、圖 6 種；

《儀禮》包括：石經、注、疏、音 4 種；

《喪服》包括：傳注、集注、義疏、記要、問難、儀注、譜、圖、五服圖儀 9 種；

《禮記》包括：大戴、小戴、義疏、書抄、評論、名數、音義、中庸、讖緯 9 種；

《月令》包括：古月令、續月令、時令、發時 4 種；

《會禮》包括：論抄、問難、三禮、禮圖 4 種；

《儀注》包括：儀注、吉禮、賓禮、軍禮、嘉禮、封禪、汾陰、諸祀儀注、陵廟制、家禮祭儀、東宮儀注、后儀、王國州縣儀注、會朝儀、耕祭儀、車服、國璽、書儀 18 種。

綜上可知，傳統禮學逐步匯聚成以《三禮》為中心的禮學，將禮書與禮典分離，私家儀注與國家典制分離。禮書研究之中，從音與義分離，注疏與禮書分離。傳統禮學就是以《三禮》為中心的注疏之學，從音、形、義，到傳、注、疏、評論、問難、鈔纂、譜圖，明訓詁、名物、制度而通義理，歷代禮典禮事與之呼應，互為參照，禮文、禮事、禮義互見，形成了禮的典籍、典制、儀範三者分立，文、事、義貫通為一的傳統禮學範式。

二、傳統禮學的文化轉向

傳統禮學分類在現代學科體系中遇到了困難。梁啟超說：「我們試換一個方向，不把他當做經學，而把他當做史學，那麼，都是中國法制史、風俗史、……史、……史的第一期重要資料了。」〔註 10〕禮書一變而成為文化史、制度史、社會史、風俗史的材料，禮學開始在學科化的路徑中展開，哲學、史學、文化學、社會學等理論及邏輯方法都被自覺地運用進來，被稱之為絕學的禮學在 20 世紀開出多學科發展的局面。考察傳統禮學範式如何向現代學術轉化，必須在這多樣化中尋找禮學的共同問題和普遍適用的研究方法。傳統禮學範式以《三禮》為中心，考察其現代轉化也應把範圍限定在基於《三禮》的禮

〔註 10〕梁啟超：《中國近三百年學術史・十三》，見《飲冰室合集 7・飲冰室專集之七十五》，中華書局，1988 年，第 191 頁。

學研究上。

20 世紀《三禮》研究不約而同地以成書年代為首要問題〔註11〕。以《周禮》研究為例，許多著名學者如廖平《今古學考》（1886），康有為《新學偽經考》（1891），劉師培《經學教科書》（1905），皮錫瑞《經學通論》《王制箋》（1907），胡適《井田辨》（1920），章太炎《國學概論》（1922），王國維《書毛詩故訓傳後》（1923），呂思勉《經子解題》（1924），周予同《經今古文學》（1926），錢玄同《重論經今古文學問題——重印〈新學偽經考〉序》（1932），范文瀾《群經概論》（1933）等都就「《周禮》成書時代」發表了觀點。13 位學者專文研討這個問題：〔日〕林泰輔《周官與其時代》（1915），郭沫若《周官質疑》（1932），錢穆《周官著作時代考》（1932），蒙文通《從社會制度及政治制度論周官成書年代》（1938），楊向奎《〈周禮〉的內容分析及其制作年代》（1954），顧頡剛《「周公制禮」的傳說和〈周官〉一書的出現》（1955），史景成《周禮成書年代考》（1966），徐復觀《〈周官〉成立之時代及其思想性格》（1980），劉起釪《〈周禮〉真偽之爭及其書寫成的真實依據》（1989），彭林《〈周禮〉主體思想與成書年代研究》（1991），金春峰《周官之成書及其反映的文化與時代新考》（1993），錢玄《三禮通論》（1996），王葆玹《今古文經學新論》（2004）等。

《儀禮》研究也集中在成書時代，有皮錫瑞、梁啟超、顧頡剛、曹聚仁、段熙仲、蔣伯潛、王文錦、楊天宇、李景林、沈文倬、錢玄、丁鼎等發表觀點。《禮記》同樣有皮錫瑞、洪業、蔡介民、錢玄、王文錦、吳承仕、周何、李學勤、楊天宇、王鍔等研究成書時代問題。

「《三禮》成書時代」本是經學時代的遺留問題，為什麼 20 世紀會重新提出予以關注？推究其原因，它關涉的是中西文明碰撞、傳統社會解體、現代學術分科體系下如何對待禮學典籍的重大問題。它要求回答，一種文明向現代轉型應該如何對待本民族的文化傳統。在中西文明的比較中，禮樂文化作為中華文明的本質特徵彰顯出來。《三禮》是禮樂文化的核心文本，要以《三禮》為證明、論說文化傳統的資料，其成書時代、真偽問題就必須先行確定。

〔註11〕 潘斌《二十世紀中國三禮學史》（南京大學出版社，2016 年）下篇「專題研究」，首列「三禮成書問題之研究」，《周禮》成書問題分五類 9 種觀點，《儀禮》成書問題分兩類 6 種觀點，《禮記》分兩類 7 種觀點。

　　禮是中華文明的精髓，從文化的視角分析中國禮文化，成為 20 世紀禮學的共同特徵。文化是包羅萬象的。王國維從制度文化的變革言禮。他說：「中國政治與文化之變革，莫劇於殷、周之際。……殷、周間之大變革，自其表言之，不過一姓一家之興亡與都邑之移轉；自其裏言之，則舊制度廢而新制度興，舊文化廢而新文化興。」〔註 12〕他認為「周之制度、典禮，乃道德之器械」，運用「二重證據法」以器物證史，考證中國制度文化的源頭。《釋禮》考證「禮」字的由來及變遷，從「盛玉以奉神人之器」，「推之而奉神人之酒醴亦謂之醴，又推之而奉神人之事通謂之禮」，闡述了禮的多重意蘊，如遠古風俗的遺存，原始宗教神鬼崇拜的意識，禮制逐漸與風俗分化而初步建立的歷史痕跡與發展。用一個「禮」字的變遷勾勒出中華文明的重大轉折，可謂是一篇精練的文化史。

　　柳詒徵從文化史學的視角言禮，明確提出「故禮者，吾國數千年全史之核心也」〔註 13〕，其具體內涵是通貫國家禮制、禮教到社會禮儀、規範化禮俗的禮治思想及其蘊含的人文精神。禮的核心是倫理，「建立人倫道德，以為立國中心，纏纏數千年，皆不外此，此吾國獨異與他國者也。……吾國文化，惟在人倫道德，其他皆此中心之附屬物。」〔註 14〕所以，「何為人倫？何謂倫理？何為禮教？此今日研究中國學術、道德、思想、行為之根本問題也。」〔註 15〕中國文化史的核心是禮，大至禮制（國家組織法）之中蘊含的禮治原則；小至專禮、禮儀及禮俗中凸顯的禮義思想，都貫注著禮之人文精神，是傳統文化的優長。其《中國禮俗史發凡》對禮、俗之間的關係以及禮俗對於民族的意義，進行了積極的論述。

　　李安宅從文化人類學言禮。「中國的『禮』字，好像包括民風、民儀、制度、儀式和政令等等……大而等於文化，小而不過是區區的禮節……禮就是人類學上的文化，包括物質與精神兩方面。」〔註 16〕這種「禮即文化」的觀

〔註 12〕王國維：《殷周制度論》，見《觀堂集林》。
〔註 13〕柳詒徵：《國史要義‧史原》，上海：華東師範大學出版社，2000 年，第 12 頁。
〔註 14〕柳詒徵：《中國文化西被之商榷》，《柳詒徵史學論文續集》，上海：上海古籍出版社，1991 年，第 228 頁。
〔註 15〕柳詒徵：《明倫》，孫尚揚主編《國故新知論──學衡派文化論著輯要》，北京：中國廣播電視出版社，1995 年。
〔註 16〕李安宅：《〈儀禮〉與〈禮記〉社會學的研究》，上海人民出版社，2005 年，第 3 頁。

念在 20 世紀成為禮學研究的普遍共識，禮學的主要問題演變成文化問題。在這種視角下，禮的相關研究最後往往都以文化為歸宿，如韓高年《禮俗儀式與先秦詩歌演變》、翁禮明《禮樂文化與詩學話語》、夏靜《禮樂文化與中國文論早期形態研究》、傅道彬《詩可以觀——禮樂文化與周代詩學精神》、趙小華《初盛唐禮樂文化與文士、文學關係研究》等。故傳統禮學的現代轉化可謂是文化轉向。

就研究方法而言，一箇舊問題的重新提出必然是因為出現了新的佐證材料，或者是有了新理論、新方法，確信可以得出可信的結論。禮學問題演變成文化問題之後，《三禮》及其注疏可以說明的問題非常廣泛。比如禮樂文化怎樣形成的？它的特徵是什麼？怎樣演變？它怎樣影響了中國社會的風俗習慣、精神氣質、思維方式？古代社會如何以禮化俗？從宏觀到微觀的發展，從大傳統到小傳統，從文化到社會各方面的深入探究，禮學越來越細化、深化，研究方法也呈現多元化樣態。

三禮學內容主要涉及社會學、政治學、民俗學、倫理學等方面。王國維等學者將文字學、金石學、考古學、校勘學、甲骨學、敦煌學等多學科綜合，走的是「考證—還原」的路子，《三禮》是古史考證的證據之一；柳詒徵、李安宅等學者綜合運用人類學、社會學、民俗學、文化學研究方法，走的是「解讀——詮釋」的路子，《三禮》作為解讀對象被重新歸類分析。到後期大多是兩條研究路徑綜合運用。

走「考證—還原」之路的，如郭沫若《周官質疑》，據彝器銘文中所見周代官制，如卿事寮大史僚、三左三右、作冊、宰、宗伯、大祝、司卜冢司徒、司工、司寇、司馬、司射、左右戲緐荊、左右走馬、左右虎臣、師氏、善夫、小輔鐘鼓、裏君、有司、諸侯諸監共二十項考《周官》之真偽，認為《周官》是「周公致太平之跡」的說法迂誕，該書「蓋趙人荀卿子之弟子所為，襲其師『爵名從周』之意，纂集遺文佚志，參以己見而成一家言」〔註 17〕。顧頡剛《「周公制禮」的傳說和〈周官〉一書的出現》，肯定周公做了選擇損益殷禮的工作，剝離了「周公制禮」傳說中誇大的成分。他認為《周官》將齊國稷下之學建立統一帝國時代新制度的理想與《管子》法家治國諸思想，統合在設官分職之中，它的出現不可能在周公之時。錢穆《周官制作時代考》及《劉向歆父子年譜》是以歷史學、文獻考據學的方法來研究《周禮》的著作

〔註 17〕郭沫若：《金文叢考》，人民出版社 1954 年，第 81 頁。兩文皆收入其中。

時代，批駁了《周禮》為周公所作，或為劉歆偽造的觀點，認為《周禮》成書於戰國時期。楊向奎《〈周禮〉內容的分析及其制作時代》（1954）根據《周禮》中社會經濟制度、政法制度、學術思想推斷其成書時代，沈文倬《略論禮典的施行和〈儀禮〉書本的撰作》認為由禮物、禮儀構成的各種禮典早已存在於殷和西周時代，而「禮書」則撰作於春秋之後，基於此來考察《儀禮》書本的形成。陳戍國六卷本《中國禮制史》（1991～2002），「以《儀禮》為中心，旁及《禮記》《周禮》及多種古文獻與考古資料，運用二重證據，清晰翔實地勾畫出先秦禮制的起源、盛衰的全貌……」〔註18〕，形成一部真正廣泛意義上的中國禮制史〔註19〕。王鍔《禮記成書考》〔註20〕一方面結合出土文獻資料，利用新材料推進研究論證，一方面根據先秦文獻流傳特徵，尋找旁證，進行成書與篇章斷代。

　　這些研究方法綜合相關學科，運用傳統考據法或社會分析法，在中華文明與異質文明的比較中，探究中華文明的起源問題、類型問題和差異性。故而沈文倬《宗周禮樂文明考論》、《菿闇文存：宗周禮樂文明與中國文化考論》、楊向奎《宗周禮樂文明》等著述，都冠以「文明」二字。劉豐將《周禮》成書時代的研究方法分為三類：利用金文資料和文獻考證、對《周禮》作思想史研究，以及研究《周禮》成書的時代背景。〔註21〕三類研究看似不同，「考證─還原」禮樂文化的思路是一致的。中國有文字記載的歷史始於商，禮樂制度文化的歷史始於周，所以，「考證─還原」是對商周禮制的考證，以還原中華文明源頭上古時期的歷史現場，總體上偏重於典制。

　　走「解讀──詮釋」之路的，如李安宅借鑒人類學家威斯勒《人與文化》關於文化「普遍型式」的理論，重新研讀《儀禮》與《禮記》。他說：「本文下手的方法，完全是客觀地將《儀禮》和《禮記》這兩部書用社會學的眼光來檢討一下，看看有多少社會學的成分。換句話說，就是將這兩部書看成已有的社會產物，分析它所用以影響其他的社會現象（人的行動）者，是哪幾方面。……這裡所要知道的僅是這兩部書之社會學的內容，所以這裡所有的

〔註18〕楊向奎《序言》，見陳戍國《先秦禮制研究》，長沙：湖南教育出版社1991年，第1頁。

〔註19〕江林：《禮‧禮制‧禮制史──評陳戍國先生的〈中國禮制史〉》，《博覽群書》2003年第5期。

〔註20〕王鍔《禮記成書考》，中華書局2007年。

〔註21〕劉豐：《百年來周禮研究的回顧》，《湖南科技學院學報》，2006，（2）。

只是內證的研究，不是外證的研究。」〔註22〕他所說的社會學其實是文化人類學。早期人類學、民族學、社會學、民俗學、文化學這些概念經常混用，總體而言都是「研究人類社會中的行為、信仰、習慣和社會組織的學科」〔註23〕，將目光轉向人類社會生活。這類研究旨在以新的方式解讀、詮釋古禮，其前提是對《三禮》文本的理解。

李安宅之後，「考證—還原」與「解讀—詮釋」兩條路徑就逐步合而為一。如楊向奎《宗周社會與禮樂文明》（1992）認為禮尚往來起源於商業性質的交換，鄉飲酒禮是父系家長制轉化為宗法制度後貴族統治者的統治手段。楊寬的《古禮新探》（1965）認為冠禮源自氏族社會的成丁禮。楊華的禮學研究三部著述《先秦禮樂文化》（1996）《新出簡帛與禮制研究》（2007）《古禮新研》（2012），以古代文獻資料、古文字、考古資料，參照民俗學、文化人類學和藝術史成果，體現出兩個特點，一是關注古樂對禮制的作用，一是善於考釋、運用簡帛文獻。〔註24〕鄒昌林《中國禮文化》（2000）「繼承了傳統的史學考據方法，同時汲取了現代文化人類學的成果，側重於以《禮記》為據」。龔建平《意義的生成與實現——〈禮記〉的哲學思想》，把禮視為承載著社會性的既有價值內容同時又充當中介的密碼符號，認為禮樂相成開顯了人的意義世界，禮蘊含著政治學內涵。禮之理是意義的生成，其意義的實現就是禮樂教化。〔註25〕王秀臣《三禮用詩考論》考察禮樂文明的詩學意義，探究禮、詩、樂關係的歷史演變，禮典制度與《詩》的傳播，燕饗禮儀與春秋賦詩風氣，禮義的發現與孔子詩論等問題。這些都採用史學考證與文化學結合的方法，禮樂文化社會生活新內涵不斷被挖掘出來。

受日常生活史影響，服飾也成為令人驚喜的文化線索。丁鼎《〈儀禮·喪服〉考論》（2003）借喪服制度考察古代社會宗法制度，考論其中所反映的上古婚姻家庭制度、周代社會與倫理觀念。其研究方法為歷史唯物主義與歷史學、文獻學、社會學、人類學、民俗學、民族性及其他多學科所提供的研究

〔註22〕李安宅：《〈儀禮〉與〈禮記〉之社會學的研究》，上海：世紀出版集團，2005年。

〔註23〕夏建中：《文化人類學理論學派：文化研究的歷史》，北京：中國人民大學出版社，1997年，第2頁。

〔註24〕楊華：《先秦禮樂文化》，武漢：湖北教育出版社，1996年。

〔註25〕龔建平：《意義的生成與實現——禮記的哲學思想》，北京：商務印書館，2005年。

方法與手段。〔註26〕李學勤評價該書,「既有深厚的文獻功底,又能運用新的知識和方法,進行論析和印證」。閻步克《服周之冕:〈周禮〉六冕禮制的興衰變異》(2009)通過考察等級服飾來探知背後的權力利益分配,都是從小處見大變革的成功案例。

　　禮樂文化認識的加深催生了對古代社會「禮治秩序」與「人情社會」的合理成分的釐析。王啟發《禮學思想體系探源》從禮的起源的角度,認為古代的禮起源於原始宗教,後來禮的宗教精神內化為道德自律,又逐步外化為法的他律精神,最終禮的宗教的、道德的、法的精神表現出政治的功能,成為國家政治各項制度的依據所在。在無所不包的禮學體系中開始了一個漫長的禮、法分立的歷史,使禮的範圍逐漸縮小,原先包含在禮制當中的各種制度都歸到法制的範圍,成為獨立的制度或專門法。至唐《開元禮》和《唐律》、《唐令》編定後,禮、法分立,各成規制。〔註27〕他還引入「自然法」的概念分析《禮記·月令》,引入倫理學分析禮的家族倫理、社會倫理、政治倫理分析《儀禮》。馬小紅《禮與法:法的歷史連接》從法的起源的角度,「力圖客觀『陳述』、社會學分析和中西比較的方法來構建『中國傳統法』的框架,分析中國傳統法的特徵及這些特徵——主要是禮與法演變的特徵在歷史與現實中的影響。」〔註28〕任強《知識、信仰與超越——儒家禮法思想解讀》從中西古典法律思想的比較視角,探討儒家禮法思想的信仰基礎和社會治理模式,當代中國現代化法治在文化上的內容。〔註29〕三者分別從歷史學、法學、哲學學科來研讀《三禮》,揭示了禮文化「傳統法」的內涵,也解釋了禮作為制度、規範對於人類社會行為的約束力。

　　傳統禮學的文化轉向,是傳統文化現代轉型時期,《三禮》及其注疏變成古代政治、文化、社會生活資料,禮學別求新生的表現。禮學所關注問題和研究宗旨發生變化,帶來研究方法的變化。考古發現的地下材料、歷史學科、文化人類學的理論方法與傳統禮學名物制度考據相結合,不斷擴展禮樂文化的認識領域,從政治、社會到日常生活,多方面增進對傳統文化的認識。

〔註26〕丁鼎:《〈儀禮·喪服〉考論》,北京:社會科學文獻出版社,2003 年,第 9 頁。

〔註27〕王啟發:《禮學思想體系探源》,鄭州:中州古籍出版社 2006 年。

〔註28〕馬小紅:《禮與法:法的歷史連接》,北京大學出版社 2004 年,第 3 頁。

〔註29〕任強:《知識、信仰與超越——儒家禮法思想解讀》(增訂版),北京大學出版社 2009 年,第 22 頁。

三、餘論：從禮樂教化到禮樂文化

傳統禮學範式的轉變，是伴隨著中西文明交流重新認識本國文化的需要所產生的。禮學從致治之具的禮樂教化轉變為反映社會生活方方面面的禮樂文化。禮樂教化注重《三禮》的理解與發明，禮樂文化注重民族文化品格與古代社會生活的重新認識。禮樂教化之禮學通過明訓詁、名物、制度以通義理，用傳、注、章句、義疏等發明禮學經義，如馮友蘭指出：「自另一方面言之，此後義理之學，亦有其方法論。即所講『為學之方』。不過此方法論所講，非求知識之方法，乃修養之方法；非所以求真，乃所以求善之方法。」〔註30〕即由禮書的研讀而得修養求善之法。禮樂文化之禮學運用新材料和各學科理論方法，重新認識古代社會生活。周予同主張用生物學的、化學的方法來分析經學、史學。周勳初認為當代中國學者在治學方法上的進步，主要體現在自覺運用形式邏輯中的歸納法和自然科學中的假設法。〔註31〕海外學者認為中國現代思想中存在著唯科學主義傾向〔註32〕。運用新材料、新理論、新方法詮釋《三禮》而獲取對社會生活各方面的新知識和深入瞭解。

傳統禮學範式的轉變，必須處理好文化傳統與現代學科體系的關係問題。有學者梳理了民國學術大家「融合創新」的思想主張，可分為四類：有的學者以東方文化為中心，如嚴復的「觀通」說，梁啟超的「化合」說，章太炎的「附益」說，梁漱溟的「益欲中心」說，熊十力的「生命本體」說，馮友蘭的「文化類型」說，賀麟的「和諧化合」說，張君勱的「模仿創造」說和錢穆的「合內外而開新」說；有的學者以西方文化為中心，如胡適、陳序經的「全盤西化論」，陳獨秀、李大釗的「西化論」；有的學者持本位文化中心論，如吳宓、湯用彤等學衡派的「本位文化論」，王新命等十教授的「本位文化論」；有的學者則持非中心非本位的兼容並包態度，如王國維的「無中西無新舊無有用無用」的「會通」論，傅斯年的「科學學術論」，蔡元培的「兼容並包論」，等等。〔註33〕還有韋政通提出創造性轉化的思想，現代新儒家的

〔註30〕 馮友蘭：《中國哲學史》之《緒論》，見《三松堂全集》（第二卷），河南人民出版社 2001 年版，第 249 頁。

〔註31〕 周勳初：《當代學術研究思辨》之《當代治學方法的進步——以歸納法、假設法為重點所進行的探討》，南京大學出版社 1993 年版，第 100 頁。

〔註32〕 〔美〕郭穎頤：《中國現代思想中的唯科學主義（1900～1950）》，江蘇人民出版社，1998 年，第 1 頁。

〔註33〕 薛其林：《融合創新的民國學術》，湖南大學出版社，2005 年 12 月。

返本開新說，馮友蘭的「抽象繼承法」。這些主張都有學術實踐的嘗試予以映證。

　　禮學研究必須扎根於傳統經典的堅實土壤之上。韋政通說：

> 社會科學在我們的社會已日漸受到重視，學者們所受的基礎訓練，多半來自另外的文化，一個中國的社會科學學者，在接受了必要的理論和方法的訓練後，他必須能站在本國文化社會的立場，並掌握母體文化傳統的文獻知識，從我們自己的問題和觀點出發，去重驗那些理論的假設和效果，才可能有機會建立新說。當學者們有此自覺，並準備朝這個方向努力的時候，思想史無疑是一本知識的導遊手冊。〔註 34〕

韋政通所說「站在本國文化社會的立場」，「掌握母體文化傳統的文獻知識」，「從我們自己的問題和觀點出發」，指出了禮學研究以及經典研究必須注意的問題。李學勤說：「以往有些類似著作，過分急於對照人類學、民俗學等學科的成就，卻沒有對文獻本身細心繹讀研究，以致難於有令人信服的結論。這是滿足於尋章摘句，不切實掌握原文，也未綜合前輩學者已有論述的弊病。」〔註 35〕這種毛病古人稱之為「遊談無根」，禮學研究者當引以為戒。

　　因此，禮學研究必須加強對《三禮》及其注疏的研讀。景海峰提出：「經典詮釋是當前研究古典文獻普遍運用的理論方法。經典詮釋成為當代儒學研究中各種路徑和方式的研究者們所共同關注的話題，構成了所有研究活動之共有的基礎，可以稱之為當代儒學研究的詮釋學轉向。」〔註 36〕對禮學研究極富啟發意義。重視禮學注疏的學術價值和傳統文獻考據方法的優長，是禮學研究長久發展的必須。

〔註 34〕韋政通：《中國思想史》，吉林出版集團有限責任公司，2009 年 8 月，第 2 頁。
〔註 35〕李學勤：《序》，見丁鼎《〈儀禮·喪服〉考論》，北京：社會科學文獻出版社，2003 年，第 2 頁。
〔註 36〕景海峰：《當代儒學研究的經典詮釋向度》，《孔子研究》，2018，（4）。

論毛奇齡的《大學》研究

胡春麗

作者簡介：胡春麗，歷史學博士，復旦大學出版社編審。

一、毛奇齡生平簡述

毛奇齡（1623～1713），又名甡，字大可、齊於、於、初晴、晚晴、老晴、秋晴、春遲、春莊、僧彌、僧開等，號西河、河右，浙江蕭山人。奇齡少時聰慧過人，有「神童」之譽。明崇禎十年（1637），入縣學為諸生。旋從紹興司理陳子龍游，子龍評其文曰「才子之文」。明亡後，避兵城南山中，築土室讀史書。順治年間，參加浙地的文社活動，與諸名士爭短長，因品目過峻，且好甲乙人所為文，人多忌之。康熙初年，「通海案」發，為躲避追捕，易名王彥，字士方，流亡十餘年。返里後，得友人姜希轍之助，輸貲為廩監生。康熙十八年（1679），年近花甲的毛奇齡舉博學鴻儒科，以二等進士授翰林院檢討，入明史館參修《明史》。二十四年（1685），以葬親為由請假歸里，託以痺疾，不復出仕。晚年僦居杭州，摒棄詞賦之業，唯以研經為務，學問日隆，聲名遠播，從學者日眾。五十二年（1713），卒於家，年九十一。學者稱西河先生。生平著述宏富，除《西河合集》497 卷外，尚有《四書正事括略》《四書改錯》《古今通韻》《毛西河論定西廂記》單行。有關毛氏的生平行跡，可參見拙文《毛奇齡家世與生平考述》（《薪火學刊》第三卷）、《毛奇齡生平考辨》（《古籍研究》總第 63 卷）。

二、毛氏《大學》諸書的撰述動機與目的

毛奇齡論《大學》的專書有三部：《大學證文》《大學知本圖說》《大學問》，

在他的《四書》專書中所佔比例最大，足見他對《大學》研究的重視。《四書改錯》《四書剩言》《四書索解》《經問》等書中關於《大學》相關條目，多出自《大學證文》和《大學知本圖說》。本文即以此為材料，探索毛奇齡的《大學》研究。

　　《大學》本是《禮記》的第四十二篇，它的主旨在於闡明儒家的政治哲學。其主題就是宋儒所概括的「三綱領」（明明德、在新民、止於至善）和「八條目」（格物、致知、誠意、正心、修身、齊家、治國、平天下）。經過漢唐直至宋代近千年的發展，《大學》從《禮記》之中剝離出來而成為獨立的專經，最終納入到《四書》學體系當中。宋代以前，作為《禮記》的屬篇，《大學》的命運是和他的載體《禮記》聯繫在一起的。自鄭玄為《周官》《儀禮》《禮記》三書作注後，《禮記》開始獨立成書，但它只是禮經的「傳」或「記」。魏晉南北朝時，「三禮」之學成為顯學，《禮記》的地位亦有所抬高〔註1〕，不但與《周官》《儀禮》並列於學官，而且出現了專門研究《禮記》的著作。但這都是將《禮記》與《周官》《儀禮》合為一經，簡稱《三禮》。《禮記》只是作為《周官》《儀禮》的附屬，《三禮》之中，最重要的還是《周官》《儀禮》。唐初，孔穎達等人於《三禮》中獨取《禮記》為五經之一，撰成《五經正義》，標誌著《禮記》由「傳」升「經」，《大學》本身也成為經文。以前鮮有人提及的《大學》逐漸受到重視，唐中後期，韓愈《原道》一文，引用《大學》中的「正心誠意」一節並作了一定的發揮，李翱《復性書》也引用了《大學》的綱領條目，從此，《大學》受到了較多的關注。入宋後，義理之學興起，《大學》受到統治者和士人的一致青睞。真宗景德年間，《大學》成了皇帝經筵進講的專經〔註2〕。北宋天聖八年（1030年），仁宗賜進士王拱辰《大學》一軸，王拱宸在得到御賜《大學》後，便作《大學軸》。以後，司馬光作《大學廣義》，這是現有的關於《大學》脫離《禮記》而單獨行世的最早記載。隨著二程給予《大學》空前的重視和表彰，至朱熹時，將《大學》合入《四書》。

　　宋代學者在推尊《大學》過程中，懷疑《大學》經文有缺漏或錯簡，認

〔註1〕《宋書·百官志》已有明確將《禮記》列入「經」類的記載，隋唐之際陸德明《經典釋文》亦把《禮記》歸入「經典」類。

〔註2〕《宋會要輯稿·崇儒》載：「中書舍人梁克家言：『乞除《喪禮》十三篇不講外，餘篇中有不須講者，亦節講，如元祐中范祖禹申請故事，或許釋諸篇最切要者，如《王制》《學記》《中庸》《大學》之類，先次進講。』」參《宋會要輯稿·崇儒》7之11，第三冊，第2294頁。

為文中論述似乎有著某種「經文—釋文」的對應關係，但這個架構又不是十分完整嚴謹，於是從二程開始便以調整《大學》原文順序的方式提出「改本」，企圖使其義理結構更加完整。程顥將《大學》文字調整為「三綱—三綱釋，八目—八目釋」的架構，程頤則提出「三綱八目，格致釋，三綱釋，誠意釋，正心修身釋、齊家治國釋、治國平天下釋」的架構，其後程頤的架構為朱熹所採用，再發展成「經一章，傳十章」的組織。朱熹的「經一章」即是程頤的「三綱八目」，而朱熹的「傳十章」除按照程頤的釋文段目之外，又多出了「釋本末」和「格物補傳」兩段。其中「格致補傳」是朱熹「竊取程子之意以補之」，自作一百三十四字釋文以闡發他所認知的「格物致知」意蘊。但是朱熹以己意添補《大學》的做法，不止是疑改經書，更有「續經」「補經」之嫌，因此雖然朱熹在身後學術地位日隆，其《四書》注釋長期被官學定為科舉取士標準，但後世學者卻對朱熹《大學》改本未能完全接受，又再紛紛提出改本以修正朱熹之失。從朱熹至明代，學者們對《大學》改本的討論大致有以下幾種意見：

1、針對朱熹以己意增添「格致」釋文的做法進行修正，主張者多為朱熹弟子及朱門後學，如宋王柏、元吳澄、明宋濂等人。這種「格致傳改本」的共同特色是：（1）保留《大學章句》中經傳二分、綱目對舉的架構不作改變；（2）取消《大學章句》中的「本末傳」，將此段文字移到他傳之釋文中去；（3）刪去朱熹的「格物傳」，僅保留補傳中的古本原文「此謂知本，此謂知之至也」十字。這種改本的基本架構大多按照朱熹《大學章句》，只修正朱熹改本中不合理之處，其目的不在與朱子爭勝。

2、反對朱熹改本，提倡恢復注疏古本《大學》。以王陽明為代表。他認為《大學》原本無經傳之分，而以「致吾心之良知」釋「致知」，以「為善去惡，使事物各歸其正」釋「格物」，則「致知格物」之關鍵在「誠意」，並非「即物窮理」。如此說法等於是將朱熹《大學》體系最重要的兩個重點—經傳之分、三綱八目以及以「格物致知」為《大學》義理中心完全破壞，與朱子爭勝對峙之用意十分明顯。

3、不依朱熹改本也不用古本而自作改本。如明王道之《大學億》認為《大學》傳文中有講師增益之文，非先聖原文，故主張刪去，因此他將朱本之傳中第二章、第三章刪去，改成「一經六傳」的形式。其他如明崔銑《大學全文通釋》將《大學》不分經傳改為六段文字；明季本《四書私存》則將《大

學》整合為七大段落。

4、不依朱熹改本也不用古本而偽造另一《大學》文本。明世宗嘉靖四十三年（1564 年）出現一部「魏政和石經大學」，然實為鄞縣人豐坊所偽造。此本除呈現「三綱八目—八目釋—三綱釋」與古本、朱本皆不同的文字組織外，又多加入「顏淵問仁。子曰：『非禮勿視，非禮勿聽，非禮勿言，非禮勿動』」二十二字，意在加強說明「修身」的重要。因為它託名失傳已久的「魏石經」，其文章義理又擺脫了古本、朱本的爭議，雖然其來歷不明，但自現世之始直至明末，始終有學者相信它即為《大學》原本，紛紛加以傳揚闡述，甚至再以偽石經為基礎提出改本之作〔註3〕。

考察由宋至明有關《大學》改本的爭議，不難看出：不論是更動增補《大學》文句，或是全部依據古本《大學》，甚至是偽造石經本《大學》，其根本意圖都在尋求一個他們理想中的「《大學》原本」，但是因為各家對於「理想《大學》文本」的認定，都是基於各人價值判斷所設定的《大學》義理，並非根據客觀的文獻考證，所以導致《大學》改本愈出愈多，而問題愈辨愈晦。

毛奇齡認為：「改經之錯，莫過於《大學》一書。自二程氏改後，南宋、元、明競有改本，約數十本。經禍至此亦慘烈矣。」〔註4〕有鑑於此，毛奇齡成《大學證文》四卷，備述各家改本之異同，竭力表彰古本《大學》。除了批判《大學》的改本，《大學證文》對《大學》的作者、「大學」的涵義、《大學》何時單行，也分別進行考辯。

在《大學》文本問題上是採取表彰古本《大學》的態度。首先，他對朱熹分經別傳的說法提出批評，認為《大學》本不分經傳，朱子分經別傳，是因為誤據聖言為經、賢人闡述為傳的說法，他通過考察兩漢經籍名稱，說明此說並非定論。

> 《大學》不分經傳，雖夫子出言成經，然在漢以前多以傳稱。
> 如《易·繫辭》稱《大傳》，《象詞》《象詞》稱《象傳》《象傳》。漢
> 武謂東方朔曰：「《傳》曰：『時然後言，人不厭其言。』」則《論語》

〔註3〕以上論述據李紀祥《兩宋以來大學改本之研究》第 3 章至第 5 章（臺北：臺灣學生書局，1988，第 85～222 頁）及張曉生《郝敬及其四書學研究》第四章歸納而成（東吳大學中國文學研究所博士論文，2002 年）。

〔註4〕毛奇齡著，胡春麗點校《四書改錯》卷十五，華東師範大學出版社，2015，第319 頁。

稱傳。即《孝經》已稱經，而成帝賜翟方進冊書云「《傳》曰：『高
而不危，所以長守貴也。』」亦稱為傳可見。〔註5〕

毛奇齡博考典籍，認為夫子之言雖可稱為經，但在漢以前多以傳稱，說明漢
世經、傳分稱，其實並不嚴格，時有混稱之事，因此強分經傳，不符合漢世
實情。所以他不支持《大學》有所謂「經」「傳」之分，認為「《大學》一書，
自為首尾，並無節次。注疏舊本以『大學之道』至『止於信』為一截，此為
分注，非分節也」〔註6〕。其次，毛奇齡認為《大學》本無古文、今文之異，
也沒有石經本、注疏本的不同。

《大學》無古文、今文之殊，其所傳文，亦無石經本、注疏
本之異。自西漢傳《禮記》四十九篇，中有《大學》《中庸》二書，
並著為經，而其時復有以《大》《中》二書並《論語》《孟子》稱小
經者，析二書於《記》，為之單行，因別有《大學》《中庸》之目，
歷漢晉、隋唐，以及於宋，未有異也。河南二程氏，並讀《大學》，
疑其引經處參錯不一，因各為移易，實未嘗分經別傳，指為誰作，
且變置其文，而加以增補。而朱氏元晦乃復為之割之、析之，遷徙
顛倒，曤然指定為孰經、孰傳、孰言、孰意、孰衍當去、孰闕當補，
而且推本師承，以為皆程子之所為。一則曰：「程子所定。」再則
曰：「竊取程子。」夫程子則焉能不受哉？獨是改本雖存，猶屬私
藏，不過如二程所改之，僅存於二程全書之中，不必強世之皆為遵
之。而元、明兩代，則直主朱子改本，而用以取士，且復勒之令甲，
敕使共遵，一如漢代今學之所為設科射策勸以利祿者，而於是朱子
有《大學》，五經無《大學》矣。考漢代立學，原分古今，古學校
文，今學取士，古學無異同，今學可出入。而明則取士從同，校文
從異，故科目士子並不知朱本之外別有舊本。而一二學古者，則又
更起而施易之，或以彼易此，或以此易彼，爾非我是，競相牴牾。
而沿習既久，忽有偽造為古本獻之朝廷，以為石經舊文所當頒學宮
而定科目者。夫只一改經，而相沿禍烈至於如此。此不可不為之辨
也。〔註7〕

〔註5〕毛奇齡：《四書剩言》卷一，康熙書留草刻本，第1頁上。
〔註6〕毛奇齡：《大學證文》卷一，康熙書留草刻本，第5頁下。
〔註7〕毛奇齡：《大學證文》卷一，前揭本，第1頁。

在毛奇齡看來，《大學》無今、古文之分，也無「石經本」「注疏本」之異，二程兄弟疑《大學》有參錯，所以各自加以移易。然而二程的改本，只存於《二程全書》中，並未強行要求士人研讀。其後，朱熹祖述二程的做法，分經別傳，遷移顛倒，隨意補綴。宋、元之後，朱熹改本竟成為元明兩代科舉考試的標準本。此後，天下士子皆宗朱子的《大學》改本而已，甚至《禮記》也刪去《大學》一篇，使原本的面貌隱而不彰。改之不足，繼之偽造。為此，毛奇齡深為感慨地稱「朱子有《大學》，五經無《大學》矣」。

毛奇齡之所以激烈地反對朱熹改本，是因為朱熹改本遵為功令後，使得原本《大學》被忽略，士子僅知有朱本而不知有舊本。少數知舊本者，也紛起效尤朱熹，各依其意而增刪移易，甚至出現了偽造石經古本的《大學》，使得《大學》的版本變得更加複雜，原貌盡失。毛奇齡認為朱熹的這種做法就是「禍經」。

> 漢制分古學、今學，考正大義、辨析疑異為古學；設科射策、勸以利祿為今學。古學各有師承，不得同異，違者加非聖悖師之律；若今學，則更端發揮，彼此角互，統不為害，以重在義理，不在文字也。若明代，則設科對策，嚴立令甲，至考古家講析剖辨，則人自為說，分爭植棚，視為固然。是以應舉之外，紛綸立論，與漢制正反。第古學師承只在訓詁，至經文字句稍或移易，便膺大戾。而明代諸儒，競作改本，致輕薄士子有以納粟太學生為大學生者，以其詭舛可彈摘也。嗟乎！何以致此？〔註8〕

毛奇齡針對各種改本的危害，認為就算經文有所遺漏，也不應當擅自增修，只要在參注之下說明即可，這樣才不至於造成「經禍」。所以他對漢儒校經中「首禁私易」的做法表示贊同。

> 特漢儒校經，首禁私易，即《禮記》「子貢問樂「一章，明知錯簡，而仍其故文，並不敢增損一字。而《周書‧武成》所謂無今文有古文者，即簡編錯互，未嘗敢擅為動移，而但為之參注於其下。以為校經當如是耳。向使《大學》果有錯誤，苟非萬不能通，亦宜效漢儒校經之例，還其原文，而假以辨釋。況其所為錯誤者，則又程改而朱否，兄改而弟否者也？〔註9〕

〔註8〕毛奇齡：《大學證文》卷一，前揭本，第1頁下至第2頁上。
〔註9〕毛奇齡：《大學證文》卷一，前揭本，第3頁下。

毛奇齡通過強調漢儒校經首重存疑傳信，禁止私易經文的情形，對改經就己的習氣提出批評。

三、論《大學》的作者

關於《大學》的作者問題，自程顥首先提出《大學》為「孔氏遺書」後，朱熹進一步將《大學》的作者推定為曾子及曾子門人。元、明兩代學者在程、朱的啟發下，對《大學》的作者也續有討論，其意見大致可分為四種：

1、孔子作《大學》。元許謙《讀四書叢說》、明李材、羅汝芳主之。

2、《大學》出於曾子，成於曾子門人之手。宋黎立武《大學發微》、元何異孫《十一名經問對》主之。

3、《大學》為子思所作，是子思記其師曾子之言而作。宋王柏、明豐坊主之。

4、否定《大學》為聖門之書，宋楊簡主之。〔註10〕

上述四種說法，除楊簡否定《大學》為聖人之書外，其他三種都不出程朱的推論範圍。個中因由，應該是由於一開始對《大學》作者的探究，便是在推尊《大學》的過程中順帶出來的問題。也就是說，程朱等人因為重視《大學》，所以便設想如此「規模大」的著作，理應是聖賢手筆，於是便將《大學》的作者指向孔子、曾子等人，這種想當然的推論心態，朱熹自己已有所意識：「正經辭約而理備，言近而指遠，非聖人不能及也。然以其無他左驗，且意其或出於古昔先民之言也，故疑之而不敢質。至於傳文，或引曾子之言，而又多與《中庸》《孟子》者合，則知其成於曾氏門人之手，而子思以授孟子，無疑也。」〔註11〕朱熹在這段話中明言他認為《大學》之「經」出自孔子的理由是「正經辭約而理備，言近而指遠，非聖人不能及也」，可是他很清楚地知道這是「無他佐驗」的推測，所以「疑而不敢質」，至於他認為「傳」是出自曾子及曾子門人之手，則表現得十分自信。但究其實，僅憑「傳」中引用曾子之言、「傳」中字句與《中庸》《孟子》有相合之處，便構畫出其間的傳授譜系，仍然有臆測的成分在裏面。因此，我們可以這麼說：《大學》的作者，其實是宋明儒者的一種主觀信念的反射。宋明儒者相信他們藉由《大學》《論

〔註10〕〔日〕佐野公治《四書學史の研究》第三章，東京：創文社，1988，第 157
　　　　～188 頁。
〔註11〕朱熹：《大學或問》上，上海古籍出版社，2001，第 10 頁。

語》《孟子》《中庸》所建構的儒學理論，是繼承了孔、曾、思、孟以來的道統，那麼這些典籍的來源不可能是別人，必然是孔、曾、思、孟等聖門弟子，所以只要是在宋明主流學術體系中的學者，當他們在討論《大學》作者問題時，必然圍繞在所謂「孔門傳授」的範圍中思考。

毛奇齡身處明末清初這一特殊的歷史時期，對宋明理學空疏的學風表示不滿，從而對宋明理學的文獻載體《四書》也有許多不同於傳統主流的意見，他對《大學》作者的看法，便不認同一貫的「想當然」的方式，而從「實據」的觀點出發，駁斥朱子立論無據，他說：

> 若《大學》誰作？朱氏自分經傳，謂「經」是曾子述孔子之言，「傳」是門人記曾子之意，則已不專屬曾子書矣。至《或問》曾子作《大學》，朱氏又言：「或古昔先民有之，未必曾子。」則安可據耶？〔註12〕

毛奇齡認為朱熹在《大學章句》中直指《大學》的作者是曾子或曾子門人，說明曾子不是《大學》的唯一作者，到《大學或問》，朱熹又有「或古昔先民有之，未必曾子」的說法，這就表示朱熹對曾子作《大學》的說法也不確定。

> 舊稱孔子沒後，七十二子之徒共撰所聞，以為此《記》。《中庸》，子思所作，《緇衣》，公孫尼子所撰，鄭康成云《月令》呂不韋所修，盧植云《王制》漢文時博士所錄，《三年問》荀卿所著，《樂記》河間獻王諸生所輯，斷無妄逞臆見可曰「某人作者」。若《大學》舊亦稱為子思作，則見鄭端簡《古言》與唐氏《奏疏》有曰：「虞松《校刻石經於魏表》引漢賈逵之言曰：『孔伋窮居於宋，懼先聖之學不明，而帝王之道墜，故作《大學》以經之，《中庸》以緯之。』」則亦指為子思之書。第鄭《注》不言，而孔氏《正義》亦未明指，則尚未敢信耳。若止菴楊氏作《大學四體文》有云：「賈逵數語，在他書所載有之，亦傳聞偶為之言。」夫不信其書則已矣，既曰「有之」，又曰「偶為之言」，則明代去漢甚遠，何以知逵為傳聞、為偶言，此仍是憑虛逞臆之語，豈好學君子所宜有焉？」〔註13〕

毛奇齡考辨歷來相關說法，認為實無法確指《大學》的作者，由此證明朱子關於《大學》作者的說法，並無根據，不妨存疑傳信。毛奇齡在《四書改錯》

〔註12〕毛奇齡著，胡春麗點校：《四書改錯》卷一，前揭本，第1～2頁。
〔註13〕毛奇齡：《大學證文》卷一，前揭本，第5頁上。

中也指出諸古書都無曾子作《大學》的記載。

> 若曾子記述《大學》，則自漢迄今，從無是說。以《禮記》四十九篇較之，則子思作《中庸》，公孫尼子作《緇衣》，荀卿作《三年問》，呂不韋作《月令》，檀弓作《檀弓》，漢文博士作《王制》，河間獻王諸生作《樂記》，曾子無有也。以七十子所作書考之，自子夏作《詩傳》《喪服傳》外，有《漆雕子》十二篇、《宓子》十六篇、《芊子》十八篇，《王史氏》二十二篇，《甘子》十六篇，子夏弟子《李克》七篇，宓子弟子《景子》十二篇，《公孫尼子》二十八篇，曾子無有也。以曾子所傳可見者計之，有《孝經》一篇，《立事》《本孝》等十篇，《曾子問》一篇，他無有也。獨朱氏一人曰曾子作《大學》，及或問何據，則又云「無他佐驗，意其或出之先民之言，故云」，則亦自言非曾子矣，且自言無佐驗矣。乃朱氏自言非曾子、無佐驗，而人之附朱氏者，必曰曾子曾子，毋論其他。即《大全》盧氏於孟獻子節有云：「或謂子思作《大學》，考孟獻子曾師子思，師不引弟言。今公然引獻子語，自是曾子而非子思。」則以獻子立於文公朝一十四年，在孔子尚未生，而以為曾師孔子之孫子思，此真鄉里小兒病痞叫熱之言。而《大全》載之，三百年來傳誦之，此何世界？

〔註14〕

毛奇齡認為朱熹推定《大學》作者時，其觀點前後頗有出入，表明朱熹自己也沒有信心確定《大學》的真正作者，有很大部分是「應當如此」的推測。但是朱熹對《大學》作者的這種無實據的主觀認定，經士人的附和，《四書大全》的傳播，竟被合理化成正確的觀點，千百年來傳誦不衰。毛奇齡對這一狀況深為不滿，他認為將《大學》作者確指為曾子的做法是缺乏證據的臆測，為了證明自己的觀點，毛奇齡充分運用他的考證工夫，通過對「《禮記》四十九篇」「七十子所作書」「曾子所傳可見者」的考證，證明曾子作《大學》不可信。可見毛奇齡並不是出於盲目對抗朱子《大學》體系的目的而對朱熹提出批評，而是出於一種客觀考證的學術立場。雖然毛奇齡並未對《大學》的作者進行考訂，他對《大學》作者因資料闕如而不妄加揣測的態度，表明了他在學術研究中謹慎闕疑的態度。

〔註14〕毛奇齡著，胡春麗點校：《四書改錯》卷十三，第283～284頁。

四、論「大學」的名義

在先秦典籍中，文章的題目通常都會反映文章的主旨，因此，對題目含義有一個正確的認識，將有利於認識文章的內容。從漢代到清初，「大學」的名義一直是學者爭論的焦點，大致可分為以下四種說法：

1、學之大者，唐孔穎達、北宋司馬光等主之。

2、大人之學，朱熹主之。

3、大成之學，宋黎立武主之。

4、太學，清陳確、王夫之、呂留良、李光地等主之。

從以上幾種說法可以看出，在宋乃至宋以前，對「大學」一詞的認識已有不同的見解。朱熹的解釋在《四書》地位確立以後，長期佔有權威地位，元、明時期的學者除極少數以外，大多沿用朱熹的說法。

毛奇齡對「大學」的名義沒有提出新解，只是祖述漢唐諸儒的說法駁斥朱熹的解釋。

> 大學，學之大者。《漢書》《大戴禮》皆云大學習大藝，小學習小藝。而賈誼《新書》引《容經》云：「大學，蹈大節，業大道；小學，蹈小節，業小道。」總是一義。朱氏改《大學》，補格物窮理為學者始事，而時多譏之，因心不自安，乃作答胡廣仲諸人書，自為辨說。且造《小學》一書，以為古人涵養、主敬皆在小學中，故入大學後便可格物窮理。因目小學為小子之學，而於大學則添一「人」字，曰「大人之學」。然終不能解說。及《或問》「大人」二字，但曰對小子之學而言，亦並不言此何等大人也。〔註15〕

毛奇齡雖然沿用了漢儒關於「大學」名義的說法，但並非只是簡單地復述，而是運用「以經解經」、以史證經的方法，引用《漢書》《大戴禮記》關於「大學」的論述，來證明漢唐諸儒的解釋較合乎事實。接著，毛奇齡又對朱熹將「大學」解釋為「大人之學」的因由進行分析，認為是朱熹添補經文所致。

> 張氏仲誠曰：「古文錯簡，何處蔑有？獨不宜有所闕失而重賴於補。且其所闕失者，則又入學之要功也。」夫功之要者，雖諡不闕，況要之尤要，他不之闕，而獨闕於是，亦可怪矣。及觀《語類》，則致知之傳，朱子補之，而亦若悔之，其《答胡氏書》有云：「聖學

〔註15〕毛奇齡著，胡春麗點校：《四書改錯》卷十七，前揭本，第381～382頁。

惟用敬耳。」向謂先致知而後用敬，殊不其然，是必於小學中灑掃
應對之時涵養用敬，以先於格致，而後《大學》可言焉。夫只此聖
功，初以為首在窮理不在用敬，當加格物於誠意之先而補之「大學」，
既又以為首在用敬，不盡在窮理，又當加誠意於格物之先而暗補之
「小學」，則猶是闕失。而既補其文於文外，又補其意於文之文外，
將見從入之途，不得之前人之傳，而僅得之後人之補救，且不僅得
之後人之補救，而必隱探之他書，暗寄之別錄，而並不使入學之文
之得以自見於經傳，豈列聖相傳之意哉？〔註16〕

毛奇齡對朱熹在解「大學」名義時隨意添補經文的做法表示不滿，認為這樣
會與聖人原旨相背離。

五、論《大學》的單行時間

《大學》的單行問題，也是隨著《大學》地位的提高才逐漸被學者注意。
在漢、唐時期，《大學》並未受到特別重視，學者們只是將它視為《禮記》的
一篇，北宋時，朝野上下普遍重視《大學》，其地位也因而逐漸提升，其單行
問題也被提出討論。學者們關於《大學》最早單行本的說法，大致可歸納為
三種：

1、認為北宋司馬光《大學廣義》是《大學》單行之始。朱彝尊《經義考》
主之。

2、認為《大學》作為「小經」之一，在漢唐早已單行。毛奇齡主之。

3、認為《大學》應該從朱熹賦予《四書》特殊地位時才算真正意義上的
單行。臺灣岑溢成《大學義理疏解》主之。

在《大學》單行的問題上，毛奇齡認為《大學》《中庸》在宋以前早已有
單篇行世的情形。

謂《大》《中》本《禮記》中文，程氏、朱氏始專行之，錯也。
《大學》本《禮記》四十九篇之第四十二、《中庸》第三十一，然早
已專行。《漢志》有《中庸說》二篇，《隋志》有梁武帝《中庸講義》，
唐人有《大學》專本，即宋仁宗朝亦曾以《大學》專本賜及第進士。
皆程、朱以前事也。〔註17〕

〔註16〕毛奇齡：《大學證文》卷一，前揭本，第2頁下。
〔註17〕毛奇齡著，胡春麗點校：《四書改錯》卷一，第2頁。

在《大學證文》中，毛奇齡進一步指出：

> 舊以《易》《詩》《書》《春秋》《禮記》為五經，《易》《詩》《書》
> 《春秋》《禮記》《樂記》為六經，《易》《詩》《書》《周禮》《禮記》
> 《儀禮》《春秋》三傳為九經，《易》《詩》《書》《春秋》三傳、《禮
> 記》《周禮》《儀禮》《論語》《爾雅》《孝經》《孟子》為十三經，然
> 又有以《春秋》諸經為大經，《孟子》《論語》《大學》《中庸》《孝經》
> 為小經者，則《大》《中》《論語》《孟子》在漢唐早已單行，不始宋
> 儒作四子書也。宋仁宗天聖八年，曾以《大學》賜新第王拱辰等，
> 惟爾時已有專本，故可取為賜觀，韓愈《原道》獨標誠意，即在唐
> 世已專行其書，可驗耳。〔註18〕

毛奇齡通過「唐人有《大學》專本」等幾條例證證明《大學》在漢、唐已有
單行的情形，並認為漢、唐時《大學》與《中庸》《論語》《孟子》等稱為小
經的情況，以此來證明《大學》在漢、唐早已單行。只是引據未詳，無法進
一步檢驗，所以全祖望認為此是毛奇齡「造為典故以欺人者」。

六、論《大學》改本

毛奇齡強調忠於經典，視改本如同秦火。為了釐清《大學》的版本，他
按版本由來及時間先後，在《大學證文》中存錄了不同改本，辨析其間因襲
的痕跡，藉以表彰古本《大學》，闡明尊古的立場。茲依其收錄內容，略述如
下。

1、《大學》注疏本

毛奇齡認為《禮記》中的《大學》就是原本，而這個版本的《大學》原
文見於《十三經注疏》中的鄭玄注，因此稱之為注疏本《大學》。自朱熹改本
風行於世後，《禮記》刪除《大學》一文，注疏本《大學》不為人重，士子多
已不習。直到王陽明表彰注疏本，才稍復其面目，人們就稱之為「古本《大
學》」。但毛奇齡認為「第其稱古本，則原無今本可為匹偶，不如直稱『大學』
二字為當」。〔註19〕至於內容部分，鄭《注》孔《疏》並未分章節，只以「大
學之道」至「止於信」為一截，「子曰：『聽訟』」之後又為一截，分成兩部分
疏解，毛奇齡則分成四段疏解，其分段如下：

〔註18〕毛奇齡：《大學證文》卷一，前揭本，第5頁上。
〔註19〕毛奇齡：《大學證文》卷一，前揭本，第6頁上。

（1）大學之道……而後天下平。

（2）自天子以至於庶人……此謂知之至也。

（3）所謂誠其意者……此謂知本。

（4）所謂修身……以義為利也。

毛奇齡以第一段總論綱目，第二段闡釋修身為本，第三、四段進一步分釋誠意、正心、修身、齊家、治國、平天下等條目，依原文次序，分四段區別義理層次，架構全文。

2、《大學》石經本

毛奇齡認為《大學》石經本與注疏本只是字體不同，內容完全是相同的，所以沒有引錄全文，後面附有毛奇齡的考辨，對各種石經包括漢熹平石經，魏正始石經，貞觀大唐石經，天寶、開成石經，後唐、後蜀石經等的刊刻淵源作了詳細說明。

> 漢定諸經，用竹簡木冊，編摘煩重，民間未易購觀。遠方學者大率口耳授受，以訛傳訛，惟恐日久舛錯，漸至移易，故東漢盧植特上書請刊定其文。會其時博士以甲乙科爭第高下，又復用私文暗易古字，因詔諸儒校經，命蔡邕正定其文曰篆、曰隸、曰八分，以熹平四年勒石，名「熹平石經」，其中經文一徙獻王、后蒼、高堂、馬融所傳至鄭玄古本，不移一字。」〔註20〕

毛奇齡引《後漢書·蔡邕傳》及《儒林傳》說明熹平石經刊刻緣由，全祖望批駁毛奇齡「此節無一語不錯」〔註21〕。據今人考證，熹平石經不包括《禮記》，自然無《大學》一文。〔註22〕但唐開成石經以下有《禮記》，說明毛奇齡據唐石經推論漢石經的情況有誤。

3、魏正始石經本

明嘉靖年間，豐坊偽造魏正始石經，由於託言古本，學者頗多崇信，影響甚廣。毛奇齡述其事說：

> 至明嘉靖間，忽有魏正始本石經出於甬東豐考功坊家，其時海鹽鄭端簡曉從同邑許黃門仁卿宅得其書，極為表章，且筆之《古言》，

〔註20〕毛奇齡：《大學證文》卷二，前揭本，第10頁上。

〔註21〕全祖望：《鮚埼亭集外編》卷四十一《答杭堇浦辨毛西河述石經原委帖》，上海古籍出版社，2000，第1621頁。

〔註22〕參錢存訓《中國古代書史》第67～71頁及張國淦《歷代石經考》第40～46頁。

以溯其所由來。《古言》者，端簡著書名也。其言曰：「魏政和中，詔諸儒虞松等，考正五經，衛覬、邯鄲淳、鍾會等以小篆、八分刻之於石，始行《禮記》，而《大學》《中庸》傳焉。」〔註23〕

曹魏並無「政和」年號，毛奇齡認為「政和」應是「政始」筆誤，不過魏齊王年號是「正始」，題為「政始」，有失嚴謹。毛奇齡通過對偽石經本刊刻諸人、授受淵源，以及文字等三方面的考辨，斷定此實為豐氏偽作。

今豐氏所傳，初屬抄本五葉，皆楷字，即唐氏疏請云得之吉安鄒氏，亦係抄本楷字，及其既而忽有篆隸之刻流傳人間。……夫豐氏初不知正始石刻原有三體，而先為楷書以嘗其事。及既知三體，而不曉碑石之已亡，與碑石之所搨之並無一有，而公然為篆隸之跡以流佈於世。是欲贗古鼎，而不知有模，而思以之欺三家之子，必不得也。……夫唐宋石經猶正始石經也，後碑不殊，則前碑不得殊也。且未有諸經所傳合若干萬言，並無異同，而專專於《大學》有獨異者。〔註24〕

毛奇齡對豐氏作偽的痕跡，指證鑿鑿。

4、程顥改本

《大學》有改本，自程顥始。但程顥改本並未單篇傳世，僅收錄於《程氏經說》中。程顥認為注疏本《大學》誠意章有錯簡，所以將「《康誥》曰克明德……與國人交，止於信」一段，移至「大學之道……則近道矣」之後，用以闡明「明德」「親民」「止於至善」三綱領。並將「《詩》云瞻彼淇澳……此以沒世不忘也」，以及「子曰聽訟……大畏民智，此謂知本」移於「所謂平天下在治其國者……辟則為天下僇矣」之後，用來詮釋治國平天下的內涵，藉以呈顯綱目分離的情形，其結構如下：

三綱——三綱釋，八目——八目釋

毛奇齡對程顥改文沒有多加辨析，只是引錄周應賓《九經考異》來說明傳載情況，引柴紹炳《家誡》來批評改經不當，最後以姚際恒的考辨對於程顥改經提出批評。可見毛奇齡對程顥移易《大學》經文之舉，並無意多致批評，只是備列其說，藉以表明改本淵源。

〔註23〕毛奇齡：《大學證文》卷二，前揭本，第10頁上。
〔註24〕毛奇齡：《大學證文》卷二，前揭本，第10頁下。

5、程頤改本

程頤踵繼其兄，也對《大學》加以移易改動，但兩人改動的部分並不相同，程頤的結構形式如下：

> 三綱八目，格致釋，三綱釋，誠意釋，正心修身釋、齊家治國
> 釋、治國平天下釋。

程頤先以三綱八目作為總綱領，藉以指示為學進程，並且特別標出格致的工夫。此外，程頤並且將「親民」改為「新民」，而「此謂知本」一句則以其複沓，視為衍文。毛奇齡對於程頤改本，也僅以證人書院示學語提示「《大學》首誠意，《中庸》首誠身」的道理，批駁程頤「格致說」並不正確，並未將程頤作為批評的重點。

6、朱熹改本

朱熹承繼二程，重新移易、刪改、增補《大學》原文，撰成《大學章句》，其結構即「經一章，傳十章」。朱熹所分雖然結構明晰，但也呈現許多問題，毛奇齡即以馮屺章《稽古篇》、陳耀文《經典稽疑》、陳確《學錄》、何之傑《古小學講義》，以及姚際恒等人的說法，批駁朱子指明《大學》作者、分經別傳、格物補傳。

關於毛奇齡對朱熹改本的批評，前已分析，此不贅述。

7、王柏改本

王柏依朱子經、傳之分，但認為《大學》並無闕文，所以反對補傳，而將「知止而後有定……則近道矣」「子曰聽訟，此謂知本」「此謂知本此謂知之至也」合併組成格致傳，毛奇齡述其要說：

> 王魯齋柏謂《大學》錯簡或有之，然未嘗闕也，安事補矣？遂
> 就本文略作移易，而其義已備，因有王氏改本相傳，董氏槐、葉氏
> 夢鼎、吳氏澄，皆說與之同，而王氏本獨著。其後車氏清臣嘗為書
> 以昌明其說，吳江徐師曾作《禮記集注》，則並收其文入《禮記》中，
> 蕺山劉子又復依其說，作《大學考義》一卷，此皆從朱子改本，而
> 僅去其補傳，以自為說者。」〔註25〕

王柏改本仍然是依循朱子分經別傳的主張，只是以移文方式取代補作。但王柏與董槐改本並不完全相同，且王柏改本實際上是車清臣所傳本，只是王柏聲名較盛，後人也就誤以為是王柏所改。

〔註25〕毛奇齡：《大學證文》卷四，前揭本，第 38 頁上。

8、蔡清改本

蔡清改本也是依循朱子分經別傳的架構，但以「物有本末……則近道矣」「知止而後有定……慮而後能得」「子曰聽訟……此謂知本」「此謂知之至也」組成格致傳，並且在傳前冠上「所謂致知在格物者」，而刪去「此謂知本」四字，除承繼王柏改本退經補傳的做法外，更依據釋八目各節有「所謂……者」的開頭，在格致傳添補「所謂致知在格物者」一句，作為承接的開頭，使各節文字更趨一致，於是移易之外，又有補作。

9、季本改本

季本是王陽明弟子，改本主要是依陽明標舉的古本而刪去「故治國在齊其家」七字，內容上不分章節，不分經傳，但其中改動原文之處頗多，與古文大不相同。毛奇齡並未對改文多加疏解，僅注明其中內容是「不分章節，刪『故治國在齊其家』七字」。此外，季本將《大學》中徵引古書文句移置於文末，使內容上正文與引證截然兩分，也是其與眾不同之處。

10、高攀龍改本

高攀龍改本其實是崔銑改本，毛奇齡述其概曰：

> 高氏景逸攀龍講學東林，即以古本《大學》授人，山陰劉氏蕺山曾受古本《大學》於東林書院是也。是時所授者即陽明先生刻本，故稱古本。後見崔後渠名銑者，更有改本，而高氏信之，遂重闡其說於書院以為準則，然人不知有崔氏本，第稱曰「高氏改本」，今其文列《高忠憲集》卷首。〔註26〕

毛奇齡說明崔銑改本經高攀龍表彰而聞名於世，所以世稱高氏改本。高氏改本不按照朱子分別經傳的架構，而是將原本「所謂誠意……故君子必誠其意」一節移至「此謂知本」後，使誠意、正心、修齊、治平諸節整齊集中，但只移易而不刪補。

11、葛寅亮改本

葛寅亮改本是古本、朱氏改本及偽古本內容哈希而成，毛奇齡述其要說：

> 錢唐葛屺瞻寅亮曾作《四書湖南講》，又作《大學詁》，雖自稱古本，而又分章節，且以「故君子必誠其意」後所引《詩》《書》俱列在卷末，謂之末章。此從古本、偽古本、朱氏本而雜組以成文者，故於引古本曰「康成本」，引偽古本曰「賈逵本」。且曰：「《漢志》

─────────────────

〔註26〕毛奇齡：《大學證文》卷四，前揭本，第38頁下。

謂《禮記》為孔氏祖孫家語，則明指子思作以證賈逵『子思作《大
學》』之說。」〔註27〕

毛奇齡認為葛氏效法朱子分別章節的方式，於《大學》作者則指為子思所作，
而自稱其書為古本，實則葛氏只不過是在改動經文的前提下綜合諸家之說而
已。

　　從毛奇齡所列《大學》各種改本可以看出，《大學》改本越到後代改動
越大，離原本的實際面貌差距也越大。需要指出的是，毛奇齡將他當時所
見的各種《大學》版本詳細著錄，目的並非在於肯定這些改本的內容與價
值，而是藉由這樣的整理，說明改本的數量多而繁雜，其主旨在於要求恢
復原本經文的面貌，所以不必對各種改本提出批評，即可瞭解此舉對後世
的不良影響。

七、論《大學》的義理結構

　　如前所述，毛奇齡對改動《大學》原文來疏通《大學》文意的做法表示
不滿，因此他在不改動經文的前提下，即在古本《大學》的基礎上，重新架
構《大學》義理。

　　毛奇齡對《大學》全文的疏解，可據《大學知本圖》的圖標為綱領加以
說明。首先，他畫「大學有本」圖，強調《大學》有本：

　　　　《大學》之道在「治己」「治人」兩端，而總在於止至善。其
　　止善之功，則必以知始，以得終，知行合而聖功備矣。定、靜、安
　　者，知善所在，則心意不撞憂也。慮即意也，即後文「誠意」是也。
　　第其中有本焉。〔註28〕

毛奇齡將「大學之道，在明明德，在親民，在止於至善」區分為「治己」「治
人」兩端，兩端的完成，就是「止於至善」。為了達到至善的境界，必以「知」
為始，以「得」為終。既然《大學》有本，那麼如何才能知道其本在哪裏呢？
毛奇齡接著構建出了第二圖，即「格物知本」：

　　　　是以學者用功，從「格物」始。但就物之本末而量度之，知明
　　德先於新民，修身、正心、誠意先於齊家、治國、平天下。而知先
　　之學，全在知本，所謂格物也。格者，知也，量度也。此《大學》

〔註27〕毛奇齡：《大學證文》卷四，前揭本，第38頁。
〔註28〕毛奇齡：《大學知本圖說》，《西河合集》本，第6頁。

初下手處，第約略簡點，毫不用力，只求《大學》之本在何所而已。
〔註29〕

毛奇齡指出，量度出物的本末，也就是量度出「明德」和「新民」、「修、正、誠」和「齊、治、平」的本末關係，知「明德」、「修、正、誠」為本，「新民」和「齊、治、平」為末，就是知本了。

毛奇齡解《大學》格物，大體上沿襲了宋儒黎立武之說，但是在此基礎上又有新的創見。他將格物之「格」訓為「量度」，他的依據是「唐李善注《文選》曰：《倉頡篇》云『格，量也，度也』」。這突破了歷代先儒對「格物」所下的定義，東漢鄭玄解「格物」之「格」為「來也，至也」；司馬光釋「格」為「廢格」；而王陽明將「格」訓為「正」，格物就是「格不正以歸於正」；而朱熹將「格物」解釋為「即物窮理」，也就是窮盡天下事物之理。毛奇齡不同意朱熹對「格物」的解釋，指出：「至《大學》一出，則『格物』二字至今未解」〔註30〕，認為朱熹的解釋與聖學相背離，是臆想出來的，純屬禪學。他認為朱子的解法自古無有，「朱氏欲解作『窮究』之意，而字書無有。故將字書『格至也』之『至』改作『致』字，而由加『窮』字於其上，此固從前字書絕無此訓，而嗣後之為字書者則國因專朱氏而擽入之。所謂既改《大學》，又改字書，凡有心古學正當憬然動念力為訂正，以杜凡書之纂竊者。」〔註31〕同時他又認為朱子「十物格九物，十分窮九分」這樣窮理之極的方法不合理。毛奇齡少時曾學朱熹之學，但幾經波折後感到人生命有限，「窮六藝而日不暇給，一藝未窮而陰已薄西山矣」，「況窮盡事物，何止六藝」？既然毛奇齡無法認同朱熹的「格物」說，因而就獨闢蹊徑將「格物」詮釋為量度事物之本末，通過量度釐定《大學》三綱八目各自的本末與先後關係，從而達到知本。

在「格物知本」後，毛奇齡畫「格物以修身為本」圖，作為連接「格物」與「誠意」的中間環節，強調格物離不開修身，而修身的工夫何在？毛奇齡接著畫「修身以誠意為本」圖，他說：

> 格物以修身為本，而修身則又以誠意為本，雖身有心、意，不分先後，而誠意之功則先於正心，何則？以意之所發始知有善有不善，亦意有所發始能誠於為善，與誠於不為不善，正心時無是事也。

〔註29〕毛奇齡：《大學知本圖說》，前揭本，第7頁。
〔註30〕毛奇齡：《大學知本圖說》，前揭本，第1頁。
〔註31〕毛奇齡：《大學問》，《西河合集》本，第6頁。

是以「誠意」二字為聖門下手第一工夫。〔註32〕

毛奇齡正式確認了「誠意」為「聖門下手第一工夫」，並對「誠意」的工夫作了闡釋。何為「誠意」呢？毛奇齡認為「意」有「善」與「不善」兩端，而誠意就是去不善而求善，誠意的工夫也就是「知善與不善而行之，求得於善」，正如其所言：「《大學》學此而已」。至此，毛奇齡的《大學》思想體系架構完成。

　　毛奇齡採用層層遞進，不改變經文，以圖示的方式疏解《大學》，提示出為學用功的下手處在於「格物」，而為學的工夫又總在「誠意」，由格物而知「本」，最終在於「誠意」，由「誠意」最終達到「至善」的道理。毛奇齡對《大學》義理內涵的解讀，可謂簡潔明快，極有見地。

　　綜上可以看出，從毛奇齡對朱熹關於《大學》作者無實據的認定及後世附會朱說現象的批評來看，他是想通過對《大學》作者的考辨來否定朱熹之說，以此摧毀朱子《四書》學架構中的一個關鍵環節，再配合其對「大學」名義的解釋、對《大學》單行不始於程朱的論述、對《大學》古本的認定及重構《大學》義理體系結構來達到全面否定朱子《大學》學說的目的。毛奇齡所作的這些是要打破幾百年來朱熹佔有的《大學》話語霸權，將《大學》從程朱理學的體系中分離出來，恢復它在歷史上原有的重要性和完整性。從這個意義上說，毛奇齡的《大學》學有回歸原典的傾向。

〔註32〕毛奇齡：《大學知本圖說》，前揭本，第8頁。

近四十年來朱子詩經學研究概覽

陳才

摘要：近四十年來，朱子詩經學領域無論是綜合研究還是各專題研究，都取得了很大的成就，表現在研究的範圍和領域逐漸擴大、研究者逐漸增多、研究成果的數量和質量不斷提高。而毋庸諱言的是，朱子詩經學研究中存在一些問題：有些研究者未能全面、系統地審視朱子相關學說，以至於結論頗值得商榷；有些學者囿於自己的專業領域，對其他學者在其他角度的研究成果關注不夠；還有些學者求之過深，不合朱子本意；有些學者重視詩經宋學而對詩經漢學缺乏瞭解，不能從全面把握朱子詩經學；還有些研究者的知識儲備明顯不足，不能深刻領會朱子博大精深的思想；等等。更有甚者，其中存在一定量的低水平重複研究現象。

關鍵詞：朱子；詩經學；《詩集傳》；研究綜述

作者簡介：陳才，文學博士，上海博物館敏求圖書館副研究館員。

近四十年來，我國學術蓬勃發展，朱子詩經學領域的研究也在不斷推進，數量上逐漸增多，質量上不斷提高，研究的廣度和深度都在不斷拓寬。

因為朱子在詩經學上的重要地位，一般學術史類著作如楊新勳博士學位論文《宋代疑經研究》、張立文主編《中國學術通史（宋代卷）》、楊世文博士學位論文《宋代經學懷疑思潮研究》及《走出漢學：宋代經典辨疑思潮研究》；〔註1〕經學史著作如劉師培《經學教科書》、皮錫瑞《經學歷史》、馬宗霍《中

〔註1〕楊新勳：《宋代疑經研究》，北京大學博士學位論文，2003 年；北京：中華書局，2007 年。張立文主編：《中國學術通史（宋代卷）》，北京：人民出版社，2004 年；楊世文：《宋代經學懷疑思潮研究》，四川大學博士學位論文，2005 年；楊世文：《走出漢學：宋代經典辨疑思潮研究》，成都：四川大學出版社，

國經學史》、本田成之《中國經學史》、吳雁南等主編《中國經學史》、許道勳和徐洪興編《中國經學史》、姜廣輝主編《中國經學思想史》；〔註2〕專題經學史著作如蔡方鹿《朱熹經學與中國經學》、曹海東博士學位論文《朱熹經典解釋學研究》；〔註3〕還有詩經學史著作如胡樸安《詩經學》、夏傳才《詩經研究史概要》、林葉連《中國歷代詩經學》、韓明安《詩經研究概觀》、趙沛霖《詩經研究反思》、魯洪生《詩經學概論》、戴維《詩經研究史》、洪湛侯《詩經學史》；〔註4〕斷代詩經學研究如陳文采碩士學位論文《兩宋詩經著述考》、郝桂敏博士學位論文《宋代〈詩經〉文獻研究》、譚德興《宋代詩經學研究》、陳戰峰博士學位論文《宋代〈詩經〉學與理學——關於〈詩經〉學的思想學術史考察》、李冬梅博士學位論文《宋代〈詩經〉學專題研究》、焦雪梅碩士學位論文《宋代詩經學的新變》、胡曉軍博士學位論文《宋代〈詩經〉文學闡釋研究》、傅建忠博士學位論文《宋代福建詩經學研究》、黃忠慎《宋代〈詩經〉學探析：以歐陽修、蘇轍等六家為中心的考察》、尹帆淼碩士學位論文《宋代〈詩經〉「二南」闡釋研究》、程建博士學位論文《回歸與重構——宋代〈詩經〉詮釋研究》、種村和史《宋代〈詩經〉學的繼承與演變》等學位論文或著作均有關於《詩集傳》述評的專門章節或片段。〔註5〕一些朱子傳記和其他專

2008 年。

〔註 2〕吳雁南等主編：《中國經學史》，福州：福建人民出版社，2001 年；許道勳、徐洪興編：《中國經學史》，上海：上海人民出版社，2006 年；姜廣輝主編：《中國經學思想史》，北京：中國社會科學出版社，2010 年。

〔註 3〕蔡方鹿：《朱熹經學與中國經學》，北京：人民出版社，2004 年。曹海東：《朱熹經典解釋學研究》，華中師範大學博士學位論文，2007 年；武漢：湖北人民出版社，2007 年。

〔註 4〕胡樸安：《詩經學》，上海：商務印書館，1934 年。夏傳才：《詩經研究史概要》，鄭州：中州書畫社，1982 年；增注本，北京：清華大學出版社，2007 年。林葉連：《中國歷代詩經學》，臺北：臺灣學生書局，1993 年。韓明安：《詩經研究概觀》，哈爾濱：黑龍江教育出版社，1988 年。趙沛霖：《詩經研究反思》，天津：天津教育出版社，1989 年。魯洪生：《詩經學概論》，瀋陽：遼海出版社，1998 年。戴維：《詩經研究史》，長沙：湖南教育出版社，2001 年。洪湛侯：《詩經學史》，北京：中華書局，2002 年。

〔註 5〕陳文采：《兩宋詩經著述考》，東吳大學碩士學位論文，1988 年。郝桂敏：《宋代〈詩經〉文獻研究》，山東大學博士學位論文，2002 年；北京：中國社會科學出版社，2006 年。譚德興：《宋代詩經學研究》，四川大學博士學位論文，2005 年；貴陽：貴州人民出版社，2005 年。陳戰峰：《宋代〈詩經〉學與理學——關於〈詩經〉學的思想學術史考察》，西北大學博士學位論文，2005 年；西安：陝西人民出版社，2006 年；臺北：花木蘭文化出版社，2015 年。李冬

題研究專著，如錢穆《朱子新學案》、莫礪鋒《朱熹文學研究》、李士金《朱熹文學思想述論》及《朱熹文學思想研究》、陳國代《文獻家朱熹：朱熹著述活動及其著作版本考察》等等亦有專門章節討論朱子的詩經學。〔註6〕但這些專著都囿於體例，未能對朱子詩經學進行全面而深入細緻的探討。

目前，對於朱子詩經學的研究主要集中在《詩集傳》以及其詩經學的總體研究和評價上，《詩序辨說》和《詩傳綱領》等的研究相對較少。尤其是《詩傳綱領》，目前筆者僅見有朱傑人《〈詩傳綱領〉研究》一篇論文。〔註7〕現就筆者所知見之篇目，對近四十年來朱子詩經學的研究現狀作一概述。〔註8〕

一、綜合研究

（一）關於朱子詩經學的綜合研究

近四十年來，有一些學位論文或專著以朱子詩經學為研究對象，比如李再薰的碩士學位論文《朱子詩經學要義通證》、朱翔飛《朱子〈詩經〉學的理學依據》、張祝平《朱熹〈詩經〉學論稿》、黃忠慎《朱子〈詩經〉學新探》、檀作文博士學位論文《朱熹詩經學研究》、鄒其昌博士學位論文《朱熹詩經詮

梅：《宋代〈詩經〉學專題研究》，四川大學博士學位論文，2005年。焦雪梅：《宋代詩經學的新變》，山東大學碩士學位論文，2006年。胡曉軍：《宋代〈詩經〉文學闡釋研究》，四川大學博士學位論文，2007年。傅建忠：《宋代福建詩經學研究》，南京大學博士學位論文，2008年。黃忠慎：《宋代〈詩經〉學探析：以歐陽修、蘇轍等六家為中心的考察》，臺北：花木蘭文化出版社，2009年。尹帆淼：《宋代〈詩經〉「二南」闡釋研究》，中國人民大學碩士學位論文，2011年。程建：《回歸與重構——宋代〈詩經〉詮釋研究》，華中師範大學博士學位論文，2015年。〔日〕種村和史著，李棟譯：《宋代〈詩經〉學的繼承與演變》，上海：上海古籍出版社，2017年。

〔註6〕錢穆：《朱子新學案》，臺北：三民書局，1971年；北京：九州出版社，2011年。莫礪鋒：《朱熹文學研究》，南京：南京大學出版社，2000年。李士金：《朱熹文學思想述論》，復旦大學博士學位論文，2000年；《朱熹文學思想研究》，北京：人民文學出版社，2013年。陳國代：《文獻家朱熹：朱熹著述活動及其著作版本考察》，北京：北京師範大學出版社，2015年。

〔註7〕朱傑人：《〈詩傳綱領〉研究》，《邁入21世紀的朱子學》，上海：華東師範大學，2001年。

〔註8〕關於朱子《詩集傳》的研究成果，還可參看以下索引：寇淑慧編：《二十世紀詩經研究文獻目錄》，北京：學苑出版社，2001年；林慶彰：《香港近六十年〈詩經〉研究文獻目錄——附：澳門〈詩經〉研究篇目》，《中國文哲研究通訊》，2010年第4期；馬輝洪：《香港地區〈詩經〉研究目錄索引（1950～2009）》，《詩經研究叢刊》第21輯，北京：學苑出版社，2011年。

釋學美學研究》、吳洋博士學位論文《朱熹〈詩經〉學探研》及其修訂本《朱熹〈詩經〉學思想探源及研究》、趙勇碩士學位論文《朱熹〈詩經〉學新論》、姜龍翔《朱子〈詩〉〈書〉學義理思想研究》等。〔註9〕史小賀的碩士學位論文《〈朱子語類・詩說〉研究》則是首部針對《朱子語類》卷八十、八十一論《詩》部分的綜合研究〔註10〕，只是《朱子語類》中其他卷還有少量涉及《詩經》的重要內容未被利用，頗為可惜。

專題論文方面，主要有：曾伯藩《論朱熹對詩經研究的功過》、黃珅《朱熹的詩說》成文年代較早，論述尚不夠深入。〔註11〕此後，有黃景進《朱熹的詩論》、金五德《朱熹詩論初探》、謝謙《關於朱熹〈詩〉說的兩條考辨》。〔註12〕吳培德《〈朱子語類〉論〈詩經〉》是較早關注《朱子語類》中反映朱子詩經學思想的論文，褚斌傑和常森《朱子〈詩〉學特徵論略》、蔡方鹿《朱熹〈詩經〉學析論》、吳正嵐《涵泳性情與朱熹〈詩經〉學的關係》亦是關於朱子詩經學的綜合研究。〔註13〕此外，寧宇《朱熹接受〈詩經〉過程中的複

〔註9〕〔韓〕李再薰：《朱子詩經學要義通證》，臺灣大學碩士學位論文，1982 年。朱翔飛：《朱子〈詩經〉學的理學依據》，吉林大學碩士學位論文，1999 年。張祝平：《朱熹〈詩經〉學論稿》，長春：吉林人民出版社，2000 年。黃忠慎：《朱子〈詩經〉學新探》，臺北：五南圖書出版公司，2002 年。檀作文：《朱熹詩經學研究》，北京大學博士學位論文，2000 年；北京：學苑出版社，2003 年。鄒其昌：《朱熹詩經詮釋學美學研究》，武漢大學博士學位論文，2002 年；北京：商務印書館，2004 年。吳洋：《朱熹〈詩經〉學探研》，北京大學博士學位論文，2008 年。吳洋：《朱熹〈詩經〉學思想探源及研究》，北京：社會科學文獻出版社，2014 年。趙勇：《朱熹〈詩經〉學新論》，江西師範大學碩士學位論文，2013 年。姜龍翔：《朱子〈詩〉〈書〉學義理思想研究》，臺北：花木蘭文化出版社，2015 年。

〔註10〕史小賀：《〈朱子語類・詩說〉研究》，河南大學碩士學位論文，2013 年。

〔註11〕曾伯藩：《論朱熹對詩經研究的功過》，《江西師範學院南昌分院學報》，1983 年第 2 期。黃珅：《朱熹的詩說》，《中華文史論叢》，1984 年第 4 輯。

〔註12〕黃景進：《朱熹的詩論》，《國際朱子學會議論文集》下冊，臺灣「中研院」中國文哲研究所，1993 年。金五德：《朱熹詩論初探》，《吉安師專學報》，1994 年第 2 期。謝謙：《關於朱熹〈詩〉說的兩條考辨》，《四川師範大學學報》，1986 年第 5 期。

〔註13〕吳培德：《〈朱子語類〉論〈詩經〉》，《雲南師範大學學報》，1999 年第 2 期。褚斌傑、常森：《朱子〈詩〉學特徵論略》，《河北師範大學學報》，1998 年第 2 期；《第三屆詩經國際學術研討會論文集》，香港：天馬圖書公司，1998 年。蔡方鹿：《朱熹〈詩經〉學析論》，《經學研究論叢》第 7 輯，臺北：臺灣學生書局，1999 年。吳正嵐：《涵泳性情與朱熹〈詩經〉學的關係》，《朱子學與21 世紀國際學術研討會論文集》，西安：三秦出版社，2001 年。

雜現象》從文學接受的角度，揭示朱子詩經學中存在「詩」與「經」的衝突、反《序》與尊《序》的尷尬、愛情詩與淫詩的不同這三個方面的矛盾；史甄陶《「興於《詩》」──論朱熹讀〈詩經〉之法》討論的是朱子讀《詩》之法及其工夫論意義。〔註14〕

（二）《詩集傳》的綜合研究

《詩集傳》是朱子詩經學的主體部分，學界以此為專題展開的綜合研究也有不少，涉及面頗廣，主要有文學、文獻學、語文學、哲學等角度的研究。李家樹《簡評朱熹的〈詩集傳〉》、馮寶誌《文史書目答問：〈詩集傳〉》是關於《詩集傳》的簡單介紹。〔註15〕曹虹《朱熹〈詩集傳〉新論》、張啟成《論朱熹〈詩集傳〉》、徐鼎一《朱子〈詩集傳〉淺說》是關於《詩集傳》綜合研究的專題論文。〔註16〕程章燦《〈詩集傳〉纂例舉證》、張祝平《〈詩集傳〉體例特徵》、張祝平《論〈詩集傳〉體例革新》、吳國武《朱子〈詩集傳〉解經體例與宋代經學新典範的成熟》則是對《詩集傳》體例進行專題分析的論文。李世萍《朱熹〈詩集傳〉的文獻學成就》關注是的《詩集傳》在校勘方面的成就。〔註17〕許英龍《朱熹詩集傳研究》、馮佳《朱熹〈詩集傳〉散論》、胡琴《朱熹〈詩集傳〉研究》、劉振英《朱熹〈詩集傳〉研究初探》、張元野《朱熹〈詩集傳〉義理研究》是對《詩集傳》進行綜合研究的碩士學位論文。〔註18〕

〔註14〕寧宇：《朱熹接受〈詩經〉過程中的複雜現象》，《詩經研究叢刊》第 5 輯，北京：學苑出版社，2003 年。史甄陶：《「興於《詩》」──論朱熹讀〈詩經〉之法》，《當代儒學研究》，第 17 期，2014 年。

〔註15〕李家樹：《簡評朱熹的〈詩集傳〉》，《抖擻》第 36 期，1980 年；又收入《詩經的歷史公案》，臺北：大安出版社，1990 年。馮寶誌：《文史書目答問：〈詩集傳〉》，《文史知識》，1982 年第 12 期。

〔註16〕曹虹：《朱熹〈詩集傳〉新論》，《古典文獻研究 1988》，南京：南京大學出版社，1989 年。張啟成：《論朱熹〈詩集傳〉》，《貴州文史叢刊》，1995 年第 3 期。徐鼎一：《朱子〈詩集傳〉淺說》，《北京大學學報》，2003 年國內訪問學者、進修教師論文專刊。

〔註17〕程章燦：《〈詩集傳〉纂例舉證》，《古典文獻研究 1989～1990》，南京：南京大學出版社，1992 年。張祝平：《〈詩集傳〉體例特徵》，《古籍整理研究學刊》，1993 年第 1 期。張祝平：《論〈詩集傳〉體例革新》，〔臺灣〕《孔孟月刊》，1995 年第 5 期。吳國武：《朱子〈詩集傳〉解經體例與宋代經學新典範的成熟》，〔臺灣〕《漢學研究》，2017 年第 2 期。李世萍：《朱熹〈詩集傳〉的文獻學成就》，《河北師範大學學報（哲學社會科學版）》，2016 年第 3 期。

〔註18〕許英龍：《朱熹詩集傳研究》，東海大學碩士學位論文，1985 年。馮佳：《朱熹〈詩集傳〉散論》，湖北大學碩士學位論文，2004 年。胡琴：《朱熹〈詩集傳〉

（三）朱子詩經學傳承與影響研究

朱子學不僅在中國產生了重要影響，是元明清時期的官方哲學，而且在東南亞亦頗具影響。《詩集傳》亦是這樣，對中國詩經學產生了重要影響：它上承詩經漢學，開創詩經宋學，下啟詩經清學，對後世乃至日本、朝鮮和韓國等國的詩經學有著重要影響。有些學者關注到了這個方面，對其價值與影響有所關注。黃郁雯《朱熹〈詩經〉學在南宋至明初的形成與發展》是這方面的綜合研究〔註19〕，而其他學者則多從某一角度進行專門論述。

所謂「集傳」，就是在集諸家之說加以綜合。朱子詩經學是建立在前儒研究的基礎上的，是有所傳承的。孫永娟《〈鄭箋〉對〈詩集傳〉的影響》探討了《鄭箋》在訓詁、義理、文學上對《詩集傳》的影響，潘銘基《〈漢書〉顏師古注引〈詩〉及其注解析論：兼論朱熹〈詩集傳〉釋義對顏注之繼承》則考察了朱子《詩經》訓詁對顏師古《漢書注》的繼承，汪祚民《鄭樵、朱熹〈詩〉學傳承關係考論》則論述了朱子在詩經學上對鄭樵的繼承，付佳《試論朱熹對歐陽修〈本末論〉的繼承與突破》探討了朱子詩經學對於歐陽修首創的本末論的吸收與改進。〔註20〕

朱子詩經學具有革新精神，胡適曾予以揭出，汪大白《革新：胡適評論朱熹詩經學的出發點和歸結點》對此加以探討。〔註21〕邵炳軍發表三篇系列論文《朱熹〈詩集傳〉對毛〈序〉的批評與繼承──朱熹〈詩集傳〉與南宋〈詩〉學革新精神研究之一》《論南宋〈詩〉學革新精神的基本特徵──以朱熹〈詩集傳〉為代表》《朱熹〈詩集傳〉所代表的南宋〈詩〉學革新精神的主要成因──朱熹〈詩集傳〉與南宋〈詩〉學革新精神研究之三》，以《詩集傳》

研究》，南昌大學碩士學位論文，2005 年。劉振英：《朱熹〈詩集傳〉研究初探》，河北大學碩士學位論文，2007 年。張元野：《朱熹〈詩集傳〉義理研究》，揚州大學碩士學位論文，2012 年。

〔註19〕黃郁雯：《朱熹〈詩經〉學在南宋至明初的形成與發展》，臺灣大學碩士學位論文，2009 年。

〔註20〕孫永娟：《〈鄭箋〉對〈詩集傳〉的影響》，《北方論叢》，2009 年第 6 期。潘銘基：《〈漢書〉顏師古注引〈詩〉及其注解析論：兼論朱熹〈詩集傳〉釋義對顏注之繼承》，〔臺灣〕《中國文化研究所學報》，第 56 期，2013 年。汪祚民：《鄭樵、朱熹〈詩〉學傳承關係考論》，《安慶師範學院學報（社會科學版）》，2011 年第 12 期。付佳：《試論朱熹對歐陽修〈本末論〉的繼承與突破》，《中國典籍與文化》，2012 年第 3 期。

〔註21〕汪大白：《革新：胡適評論朱熹詩經學的出發點和歸結點》，《安徽大學學報（社會科學版）》，2001 年第 2 期。

為例來探討南宋詩經學的革新精神。〔註22〕

　　朱子詩經學對後世產生了廣泛而深遠的影響。張宏生《朱熹〈詩集傳〉的特色及其貢獻》、梁宗華《朱熹〈詩集傳〉對〈詩經〉研究的貢獻》、殷光熹《宋代疑古惑經思潮與〈詩經〉研究——兼論朱熹對詩經學的貢獻》、張體雲《論朱熹與戴震〈詩〉學之間的因緣關係》、楊希英《〈毛詩序〉、朱熹與文化積澱》、崔志博和樊蘭《論元代〈詩經〉學對朱熹〈詩〉學的推崇》、崔志博《論元代〈詩經〉學「尊朱崇傳」的時代風貌》，是關於《詩集傳》對後世詩經學影響的專題論文。〔註23〕劉毓慶《從朱熹到徐常吉——〈詩經〉文學研究軌跡探尋》以朱子、謝枋得、徐常吉三人為界，將《詩經》文學研究分為濫觴期、制義附庸期、成熟期三段，從而揭示出朱子在其中的重要地位和影響。〔註24〕趙坤《清初〈詩〉學的特點——以〈欽定詩經傳說匯纂〉與朱熹之學的關係為中心》認為，雖然清初「調和漢宋」，但是從內容和體例的角度來看，《欽定詩經傳說匯纂》「仍屬於朱熹《詩》學的體系」。〔註25〕

　　自南宋末年至清代，尤其是元明時期，一大批學者推崇朱子詩經學而為之輔翼。當時有許多詩經學者對朱子詩經學進行再闡發，陳海燕、王宇《劉謹〔註26〕對朱熹詩經學的貢獻》、陳海燕和程嫩生《劉瑾對朱熹詩經學中賦、比、興與淫詩說問題的闡發》、程嫩生和陳海燕《劉瑾對朱熹詩經學的解經取

〔註22〕邵炳軍：《朱熹〈詩集傳〉對毛〈序〉的批評與繼承——朱熹〈詩集傳〉與南宋〈詩〉學革新精神研究之一》，《第四屆宋代文學國際研討會論文集》，杭州：浙江大學出版社，2006年。邵炳軍：《論南宋〈詩〉學革新精神的基本特徵——以朱熹〈詩集傳〉為代表》，《江海學刊》，2008年第3期）。邵炳軍：《朱熹〈詩集傳〉所代表的南宋〈詩〉學革新精神的主要成因——朱熹〈詩集傳〉與南宋〈詩〉學革新精神研究之三》，（《上海大學學報》，2008年第6期。

〔註23〕張宏生：《朱熹〈詩集傳〉的特色及其貢獻》，《運城師專學報》，1987年第2期。梁宗華：《朱熹〈詩集傳〉對〈詩經〉研究的貢獻》，《東嶽論叢》，1990年第3期。殷光熹：《宋代疑古惑經思潮與〈詩經〉研究——兼論朱熹對詩經學的貢獻》，《思想戰線》，1996年第5期。張體云：《論朱熹與戴震〈詩〉學之間的因緣關係》，《皖西學院學報》，2009年第3期。楊希英：《〈毛詩序〉、朱熹與文化積澱》，《時代文學》，2011年第11期。崔志博、樊蘭：《論元代〈詩經〉學對朱熹〈詩〉學的推崇》，《集寧師範學院學報》，2012年第4期。崔志博：《論元代〈詩經〉學「尊朱崇傳」的時代風貌》，《蘭臺世界》，2013年第15期。

〔註24〕劉毓慶：《從朱熹到徐常吉——〈詩經〉文學研究軌跡探尋》，《西北師大學報（社會科學版）》，2001年第2期。

〔註25〕趙坤：《清初〈詩〉學的特點——以〈欽定詩經傳說匯纂〉與朱熹之學的關係為中心》，《湖北職業技術學院學報》，2017年第2期。

〔註26〕按：此「謹」字誤，當作「瑾」。

向》關注的是元儒劉瑾《詩傳通釋》對朱子詩經學的闡發。〔註 27〕當然，這些輔翼朱子詩經學的學者並非斤斤於朱子之說而無所發明，而是時有補充，時有修正。沙先一《顧夢麟〈詩經說約〉對朱熹〈詩集傳〉的補充與糾正》、崔志博和盧矜《〈詩集傳名物鈔〉對〈詩經集傳〉的增益補缺之功》對後世補充、糾正朱子之說予以揭出。〔註 28〕此外，還有些學者對朱子詩經學有所批評，這也為學者所關注，如：林慶彰《姚際恒對朱子〈詩集傳〉的批評》、程嫩生《戴震早年對朱熹學術的批評——以戴震〈毛詩補傳〉與朱熹〈詩集傳〉為例》、方鵬和宋朝群《淺析易佩紳〈詩義擇從〉對朱熹詩論的批評》、傅佳《論馬端臨對朱熹〈詩經〉學說的反駁及其原因》等。〔註 29〕

　　日本、朝鮮受中國影響，也隨之以朱子學作為官方哲學，再而對朱子詩經學有所批評。王曉平《朱熹勸善懲惡〈詩經〉說在日本的際遇》論述了朱子詩經學在日本的總體接受情況，張文朝《朱熹〈詩集傳〉在日本江戶時代（1603～1868）的流傳》討論江戶時代的接受情況，張靜《中村惕齋〈筆記詩集傳〉對〈詩集傳〉的繼承與突破》關注的則是個別接受的情況。〔註 30〕張文朝又有系列論文討論日本詩經學著作對朱子《詩集傳》的批評：《渡邊蒙庵〈詩傳惡石〉對朱熹〈詩集傳〉之批判——兼論其對古文辭學派〈詩經〉觀之傳承》、《以不錄批朱——試就〈二南〉論赤松太庾〈詩經述〉對朱熹〈詩

〔註 27〕陳海燕、王宇：《劉瑾對朱熹詩經學的貢獻》，《嘉應學院學報（哲學社會科學）》，2006 年第 5 期）。陳海燕、程嫩生：《劉瑾對朱熹詩經學中賦、比、興與淫詩說問題的闡發》，《內江師範學院學報》，2008 年第 1 期。程嫩生、陳海燕：《劉瑾對朱熹詩經學的解經取向》，《江西社會科學》，2008 年第 2 期。

〔註 28〕沙先一：《顧夢麟〈詩經說約〉對朱熹〈詩集傳〉的補充與糾正》，《古籍研究》，2002 年第 2 期。崔志博、盧矜：《〈詩集傳名物鈔〉對〈詩經集傳〉的增益補缺之功》，《河北大學學報（哲學社會科學版）》，2010 年第 3 期。

〔註 29〕林慶彰：《姚際恒對朱子〈詩集傳〉的批評》，《河北師院學報（社會科學版）》，1996 年第 2 期。程嫩生：《戴震早年對朱熹學術的批評——以戴震〈毛詩補傳〉與朱熹〈詩集傳〉為例》，《江西社會科學》，2011 年第 9 期。方鵬、宋朝群：《淺析易佩紳〈詩義擇從〉對朱熹詩論的批評》，《文學教育》，2011 年第 11 期。傅佳：《論馬端臨對朱熹〈詩經〉學說的反駁及其原因》，《儒家典籍與思想研究》第 4 輯，北京：北京大學出版社，2012 年。

〔註 30〕王曉平：《朱熹勸善懲惡〈詩經〉說在日本的際遇》，《天津師範大學學報》，1996 年第 4 期；又載《第二屆詩經國際學術研討會論文集》，北京：語文出版社，1996 年。張文朝：《朱熹〈詩集傳〉在日本江戶時代（1603～1868）的流傳》，〔臺灣〕《漢學研究通訊》，2013 年第 1 期。張靜：《中村惕齋〈筆記詩集傳〉對〈詩集傳〉的繼承與突破》，《山西經濟管理幹部學院學報》，2012 年第 1 期。

集傳〉的無言批判》、《山本章夫〈詩經新注〉對朱熹淫詩說之批評》。〔註31〕
洪楷萱《毛奇齡與太宰春臺對朱熹〈詩集傳〉之批評比較》將清初的毛奇齡
（1623～1716）與日本的太宰春臺（1680～1747）對朱子詩經學的批評加以
比較，並說明批評背後的原因。陳國代、張品端《朱熹著作東傳日本及其影
響》亦分析了包括《詩集傳》在內的朱子著作在日本的接受情況。〔註32〕阮
廷焯《朝鮮舊抄本〈詩集傳〉考索——兼論〈詩傳大全〉流傳於朝鮮之概況》、
盧鳴東《從朱熹「淫詩說」看朝鮮李漢的「讀詩鄭法」》介紹了朝鮮對朱子詩
經學接受的情況。〔註33〕朱贇斌《〈詩集傳〉與朝鮮李朝時代權近〈詩淺見錄〉
詩經觀的比較研究》、譚娜碩士學位論文《權近〈詩淺見錄〉與朱熹〈詩集傳〉
的影響關係研究》、鄭令媛《丁若鏞〈詩經講義〉與朱子〈詩〉說對比研究》
都是關於朝鮮詩經學著作與朱子《詩集傳》的比較研究。〔註34〕趙麗葉《〈詩
經集傳辨正〉的整理與研究》、付星星《成海應校勘朝鮮北漢本〈詩集傳〉論
析》，選題頗有意義。〔註35〕朱子詩經學在歐美也有流傳。佟豔光《理雅各〈詩
經〉英譯本與朱氏〈詩集傳〉的關係初探》則就英國漢學家理雅各的《詩經》
英譯本對朱子《詩集傳》接受情況作了簡要分析。〔註36〕

〔註31〕張文朝：《渡邊蒙庵〈詩傳惡石〉對朱熹〈詩集傳〉之批判——兼論其對古文
辭學派〈詩經〉觀之傳承》，〔臺灣〕《漢學研究》，2014年第1期。張文朝：《以
不錄批朱——試就〈二南〉論赤松太庚〈詩經述〉對朱熹〈詩集傳〉的無言
批判》，《中國文哲研究通訊》，2015年第4期。張文朝：《山本章夫〈詩經新
注〉對朱熹淫詩說之批評》，〔臺灣〕《師大學報》，2017年第2期。

〔註32〕洪楷萱：《毛奇齡與太宰春臺對朱熹〈詩集傳〉之批評比較》，《高雄師範大學
第六屆青年經學學術研討會會議論文》，2010年。陳國代、張品端：《朱熹著
作東傳日本及其影響》，《合肥學院學報（社會科學版）》，2011年第5期。

〔註33〕阮廷焯：《朝鮮舊抄本〈詩集傳〉考索——兼論〈詩傳大全〉流傳於朝鮮之概
況》，〔臺灣〕《大陸雜誌》，1991年第3期。盧鳴東：《從朱熹「淫詩說」看朝
鮮李漢的「讀詩鄭法」》，〔韓國〕《東亞人文學》第5輯，2004年。

〔註34〕朱贇斌：《〈詩集傳〉與朝鮮李朝時代權近〈詩淺見錄〉詩經觀的比較研究》，
《遼東學院學報（社會科學版）》，2014年第1期。譚娜：《權近〈詩淺見錄〉
與朱熹〈詩集傳〉的影響關係研究》，山東大學碩士學位論文，2016年。鄭令
媛：《丁若鏞〈詩經講義〉與朱子〈詩〉說對比研究》，深圳大學碩士學位論
文，2017年。

〔註35〕趙麗葉：《〈詩經集傳辨正〉的整理與研究》，延邊大學碩士學位論文，2015
年。付星星：《成海應校勘朝鮮北漢本〈詩集傳〉論析》，《貴州大學學報（社
會科學版）》，2016年第3期。

〔註36〕佟豔光：《理雅各〈詩經〉英譯本與朱氏〈詩集傳〉的關係初探》，《遼寧行政
學院學報》，2010年第10期。

二、專題研究

（一）關於朱子詩經學觀各專題的研究〔註37〕

朱子解《詩》，提出了不少詩經學理論問題，形成了自己的詩經學觀，在詩經學史上具有重要意義，近四十年來，學界主要關注朱子《詩序》觀、「淫詩說」、「二南」說以及「六義」說等幾個方面，以上綜合研究中已有不少成果涉及此類議題，除此之外，尚有多篇專題論文以及多部專著於此有論。

1、關於朱子《詩序》觀的研究

《詩序》問題，自來是詩經學研究中頗有爭議的一個問題，所以《四庫總目》稱其為「說經家第一爭詬之端」〔註38〕。朱子是詩經學史上去《序》言《詩》的一個重要人物，因此，學界對這一問題有著廣泛關注並一度引起廣泛的學術爭論。爭論的焦點就是朱子是從《序》還是廢《序》。當然，各家對這兩個名詞的使用也未盡統一。陳明義《朱熹〈詩經〉學與〈詩經〉漢學傳統異同之研究》主要就臺灣學界的研究情況，在這一問題上作了簡單的述評。〔註39〕

經學史、詩經學史專著一般都是認為朱子詩經學為廢《序》派。楊天宇《朱熹的〈詩經〉說與〈毛詩序〉》認為朱子雖不能「脫出《詩序》的範圍」，但他懷疑和批判《詩序》，廢《序》言《詩》，是一個巨大的進步。黃忠慎《宋代〈詩經〉學探析——以歐陽修、蘇轍等六家為中心的考察》亦有專節據朱子《詩序辨說》「力駁《詩序》」，並舉出一百例以證其說。蔡一純《〈詩集傳〉尊序、反序與攻序的學術理念研究》關注到朱子《詩序》觀的發展歷程，並提出朱子主張「攻序」。〔註40〕

主張朱子從《序》的有：李家樹《國風毛序朱傳異同考析》認為在對《國

〔註37〕還可參閱傳建忠《宋代詩經學研究百年綜述》，《中國韻文學刊》，2008年第3期。

〔註38〕〔清〕紀昀等著，四庫全書研究所整理：《欽定四庫全書總目》（整理本），北京：中華書局，1997年，第187頁。

〔註39〕陳明義：《朱熹〈詩經〉學與〈詩經〉漢學傳統異同之研究》，臺北：花木蘭文化出版社，2009年。

〔註40〕楊天宇：《朱熹的〈詩經〉說與〈毛詩序〉》，《河南師範大學學報（社會科學版）》，1992年第2期。黃忠慎：《宋代〈詩經〉學探析——以歐陽修、蘇轍等六家為中心的考察》，臺北：花木蘭文化出版社，2009年。蔡一純：《〈詩集傳〉尊序、反序與攻序的學術理念研究》，《鞍山師範學院學報》，2011年第5期。

風》的解釋上，《詩集傳》從《序》者達 70%；王清信《詩經三頌毛序朱傳異
同之比較研究》和其碩士學位論文《詩經二雅毛序與朱傳所定篇旨異同之比
較研究》則分別就三頌與二雅進行分析，得出《詩集傳》從《序》。張芳《論
朱熹「明違而陰從」之詩序觀》從知識和倫理層面的「從序」進行了簡單分
析，並對朱子詩經學是否走向了文學提出商榷意見。劉娟《〈詩集傳〉二南解
詩秉承〈詩序〉辨》認為朱子對「二南」的解說是從《毛詩序》的，並對其
原因作出分析。〔註41〕

　　還有些學者主張對朱子對《詩序》有從有不從：原新梅《朱熹〈詩集傳〉
對〈毛詩序〉的批判與繼承》考察了朱子對《小序》批判和繼承的幾種類型。
莫礪鋒《論朱熹對〈詩序〉的態度》將朱子對《詩序》的態度歸納為五種情
況，並列出具體數據；黃忠慎《朱子〈詩經〉學新探》將「二南」二十五篇
之《詩序》與朱子《詩序辨說》進行比較，認為朱子不是遵《序》，是尊《序》
而不全盤接收；楊世明《朱熹〈詩集傳〉於〈詩序〉有廢有從考說》、朱思凡
《從〈詩集傳〉看朱熹的〈詩序〉之辨》亦持此論；張宇《朱熹〈詩集傳〉
對〈毛詩序〉詩旨取捨原因淺析》、雷炳鋒《朱熹〈詩序辨說〉試論》則對此
一現象的原因作了探討。〔註42〕

　　楊晉龍《朱熹〈詩序辨說〉述義》認為朱子並非「廢《序》」，而是「離
《序》詮《詩》」；王國栓《析〈詩集傳〉與〈毛詩序〉的異與同》則就《詩

〔註41〕李家樹：《國風毛序朱傳異同考析》，《東方文化》，1979 年第 1～2 期；又收入
　　　　《詩經的歷史公案》，臺北：大安出版社，1990 年。王清信：《詩經三頌毛序
　　　　朱傳異同之比較研究》，〔臺灣〕《經學研究論叢》第 6 輯，1999 年。王清信：
　　　　《詩經二雅毛序與朱傳所定篇旨異同之比較研究》，東吳大學碩士學位論文，
　　　　1999 年。張芳：《論朱熹「明違而陰從」之詩序觀》，《牡丹江大學學報》，2011
　　　　年第 5 期。劉娟：《〈詩集傳〉二南解詩秉承〈詩序〉辨》，《牡丹江大學學報》，
　　　　2013 年第 5 期。
〔註42〕原新梅：《朱熹〈詩集傳〉對〈毛詩序〉的批判與繼承》，《徐州師範學院學報
　　　　（哲學社會科學版）》，1990 年第 4 期。莫礪鋒：《論朱熹對〈詩序〉的態度》，
　　　　《文獻》，2000 年第 1 期；又收入莫礪鋒：《朱熹文學研究》，南京：南京大學
　　　　出版社，2000 年。黃忠慎：《朱子〈詩經〉學新探》，臺北：五南出版社，2002
　　　　年。楊世明：《朱熹〈詩集傳〉於〈詩序〉有廢有從考說》，《詩經研究叢刊》
　　　　第 9 輯，北京：學苑出版社，2005 年。朱思凡：《從〈詩集傳〉看朱熹的〈詩
　　　　序〉之辨》，《安徽文學（下半月）》，2011 年第 7 期。張宇：《朱熹〈詩集傳〉
　　　　對〈毛詩序〉詩旨取捨原因淺析》，《福建教育學院學報》，2007 年第 7 期。雷
　　　　炳鋒：《朱熹〈詩序辨說〉試論》，《寧夏大學學報（人文社會科學版）》，2011
　　　　年第 3 期。

集傳》與《毛詩序》之同，進而闡述《毛詩序》的價值不宜隨意否定；還有袁英碩士學位論文《論〈詩集傳〉對〈小序〉的改造》考察了朱子對《小序》所界定的「刺詩」所作的具體改造，並分析了原因。張真真《〈毛詩序〉和〈詩集傳〉對詩旨理解的不同》認為朱子廢《序》，但不徹底。〔註43〕

需要特別指出，前文已經提及的朱傑人《〈詩傳綱領〉研究》一文附帶提及，朱子之去《序》言《詩》，是反對前儒「主題先行」的解《詩》傳統。這一觀點揭示了朱子的本意，符合客觀實際，但是筆者暫未發現有他文附議此論。

2、關於朱子「淫詩說」的研究

朱子於「淫詩說」發明獨到，在詩經學史上有著重要影響，一般具有詩經學史性質的著作均會涉及，袁寶泉、陳智賢《詩經探微》亦設「評『淫詩』說」作為專節。王春謀碩士學位論文《朱熹詩集傳「淫詩」說之研究》則是首次以此論題作為專門研究對象的學位論文。楊敏的碩士學位論文《「淫詩」說：朱熹〈詩〉學與清代〈詩〉學分歧之焦點》則是就「淫詩說」分析朱子詩經學與詩經清學的差異。〔註44〕

關於「淫詩說」的專題論文有：李家樹《試論「鄭風淫」的問題——宋朱熹、呂祖謙〈詩經〉論學述評》、黃兆傑和李家樹《宋朱熹、呂祖謙「淫詩說」的論爭——孔子「思無邪」一語在〈詩經〉學上的迴響》、謝謙《朱熹「淫詩」之說平議》、張祝平《朱熹「淫詩說」與明代「誨淫」文學之辨》、文幸福《孔子放鄭聲及朱熹淫詩說辨微》、林寶淳《「淫詩」與「淫書」》、姚海燕《論朱熹〈詩集傳〉之「淫詩說」》、莫礪鋒《從經學走向文學：朱熹「淫詩」說的實質》、沈艾娥《和諧與矛盾——再議朱熹「淫詩說」》、李家樹《南宋朱熹、呂祖謙「淫詩說」駁議述評》、彭維傑《朱熹「淫詩說」理學釋義》、黃雅琦《朱熹淫詩說在詮釋學上的意義》、鄭偉和楊彩丹《「論

〔註43〕楊晉龍：《朱熹〈詩序辨說〉述義》，〔臺灣〕《中國文哲研究集刊》第12期，1998年。王國栓：《析〈詩集傳〉與〈毛詩序〉的異與同》，《廣東技術師範學院學報》，2007年第11期。袁英：《論〈詩集傳〉對〈小序〉的改造》，瀋陽師範大學碩士學位論文，2011年。張真真：《〈毛詩序〉和〈詩集傳〉對詩旨理解的不同》，《大慶師範學院學報》，2015年第4期。

〔註44〕袁寶泉、陳智賢：《詩經探微》，廣州：花城出版社，1987年。王春謀：《朱熹詩集傳「淫詩」說之研究》，臺灣政治大學碩士學位論文，1979年。楊敏：《「淫詩」說：朱熹〈詩〉學與清代〈詩〉學分歧之焦點》，四川大學碩士學位論文，2007年。

性而不論氣，則收拾不盡」——朱熹「淫詩」說的價值訴求》、謝海林和周泉根《論朱熹「淫詩」說的學術背景及內在理路》、黃忠慎《朱熹「淫詩說」衡論》、郝永《朱熹〈詩經〉解釋學「淫詩」說新論》、胥秋菊《朱熹〈詩集傳〉中以「淫」定性「鄭衛之音」辨析》。〔註45〕其中，李家樹的三篇文章均是就「淫詩說」對朱子和呂祖謙進行的共時性對比研究。此外，張祝平《明代豔情小說的發展與朱熹的「淫詩說」》談及朱子「淫詩說」的影響；還有周懷文和經莉莉《風人之旨誰可獨得——略論毛奇齡對朱熹「淫詩」說的批評》討論了清初毛奇齡對朱子「淫詩說」的批評，而譚玲和李士金撰文對此文加以商榷。〔註46〕

〔註45〕李家樹：《試論「鄭風淫」的問題——宋朱熹、呂祖謙〈詩經〉論學述評》，《抖擻》第41期，1980年。黃兆傑、李家樹：《宋朱熹、呂祖謙「淫詩說」的論爭——孔子「思無邪」一語在〈詩經〉學上的迴響》，《東方文化》，1986年第1期。謝謙：《朱熹「淫詩」之說平議》，《四川師範大學學報》，1987年第2期。張祝平：《朱熹「淫詩說」與明代「誨淫」文學之辨》，《第二屆詩經國際學術研討會論文集》，北京：語文出版社，1996年。文幸福：《孔子放鄭聲及朱熹淫詩說辨微》，《第三屆詩經國際學術研討會論文集》，香港：天馬圖書公司，1998年。林寶淳：《「淫詩」與「淫書」》，《第三屆詩經國際學術研討會論文集》，香港：天馬圖書公司，1998年。姚海燕：《論朱熹〈詩集傳〉之「淫詩說」》，《上海師範大學學報（哲學社會科學版）》，1998年第1期。莫礪鋒：《從經學走向文學：朱熹「淫詩」說的實質》，《文學評論》，2001年第2期。沈艾娥：《和諧與矛盾——再議朱熹「淫詩說」》，《懷化學院學報》，2004年第4期。李家樹：《南宋朱熹、呂祖謙「淫詩說」駁議述評》，《河北師範大學學報（哲學社會科學版）》，2005年第1期；又載《第六屆詩經國際學術研討會論文集》，北京：學苑出版社，2005年。彭維傑：《朱熹「淫詩說」理學釋義》，〔臺灣〕《國文學誌》，2005年第11期。黃雅琦：《朱熹淫詩說在詮釋學上的意義》，《詩經研究叢刊》第13輯，北京：學苑出版社，2007年。鄭偉、楊彩丹：《「論性而不論氣，則收拾不盡」——朱熹「淫詩」說的價值訴求》，《文化與詩學》，2009年第1期。謝海林、周泉根：《論朱熹「淫詩」說的學術背景及內在理路》，《海南師範大學學報（社會科學版）》，2011年第1期。黃忠慎：《朱熹「淫詩說」衡論》，〔臺灣〕《靜宜中文學報》，2014年第6期。郝永：《朱熹〈詩經〉解釋學「淫詩」說新論》，《河南教育學院學報（哲學社會科學版）》，2014年第1期；《朱熹〈詩經〉解釋學研究》，上海：上海古籍出版社，2014年，第247～258頁。胥秋菊：《朱熹〈詩集傳〉中以「淫」定性「鄭衛之音」辨析》，《湖北社會科學》，2017年第7期。
〔註46〕張祝平：《明代豔情小說的發展與朱熹的「淫詩說」》，〔臺灣〕《書目季刊》，1996年第2期。周懷文、經莉莉：《風人之旨 誰可獨得——略論毛奇齡對朱熹「淫詩」說的批評》，《合肥學院學報（社會科學版）》，2012年第3期。譚玲、李士金：《中國學術生態細節考察報告之一——以〈略論毛奇齡對朱熹「淫詩」說的批評〉一文為例》，《長江叢刊》，2017年第34期。

3、關於朱子「六義」說的研究

《毛詩序》中提出《詩經》的「六義」說，一直是詩經學上的一個重要概念，《毛傳》「獨標興體」116 篇，《鄭箋》《孔疏》於此均有說，劉勰《文心雕龍》亦有推闡。朱子認為「六義」蓋是「《三百篇》之綱領管轄」〔註47〕，在此方面更是獨有發明。有關朱子對《詩經》「六義」闡發方面的論文，關注到在賦比興上，主要有：李開金《試論朱熹的比興說》、胡國賢《朱熹〈詩集傳〉中的「興」》、林葉連《朱子對興義之解釋及其後果》、趙明媛《釋朱熹〈詩集傳〉之「賦比興」》、楊玉華《從朱熹論「興」看其文學觀念》、魯洪生《關於朱熹賦比興理論的幾點考辨》、孫立《讀朱熹〈詩集傳〉獻疑──兼析其「興」詩研究》、張旭曙《朱熹「比興」論二題》、周娟碩士學位論文《〈國風〉中的隱喻運用和〈詩集傳〉中的隱喻解釋》、王龍《朱熹〈詩集傳〉賦比興標詩探微》、王龍《論朱熹〈詩集傳〉中的「興」》、羅英俠《〈詩集傳〉對賦比興藝術手法的闡述》、安性栽《朱熹〈詩集傳〉中的「比」和「興」特徵考》《朱熹之「比、興」關係及觀點考察》、劉順《鄭〈箋〉、孔〈疏〉與朱熹〈詩集傳〉「興」論略析》、王堃和黃玉順《比興：詩學與儒學之本源觀念──朱熹〈詩集傳〉再檢討》、張萬民《從朱熹論「比」重新考察其賦比興體系》、賈璐《論朱熹對〈詩經〉、〈楚辭〉賦比興的研究》、李燊《〈詩集傳〉「賦比興」次序發微──兼談論比、興兼用與專用問題》。〔註48〕這些論文大多是從文學

〔註47〕〔宋〕朱熹撰，朱傑人點校：《詩集傳》，朱傑人等主編：《朱子全書》（修訂本）第 1 冊，第 344 頁。

〔註48〕李開金：《試論朱熹的比興說》，《武漢大學學報（哲學社會科學版）》，1980 年第 5 期。胡國賢：《朱熹〈詩集傳〉中的「興」》，《詩風》，1982 年第 1 期。林葉連：《朱子對興義之解釋及其後果》，《1993 詩經國際學術研討會論文集》，保定：河北大學出版社，1994 年。趙明媛：《釋朱熹〈詩集傳〉之「賦比興」》，〔臺灣〕《勤益學報》第 15 期，1997 年。楊玉華：《從朱熹論「興」看其文學觀念》，《欽州高專學報》，1999 年第 2 期。魯洪生：《關於朱熹賦比興理論的幾點考辨》，《第四屆詩經國際學術研討會論文集》，北京：學苑出版社，2000 年。孫立：《讀朱熹〈詩集傳〉獻疑──兼析其「興」詩研究》，〔日本〕《文學研究》總第 99 輯，2002 年。張旭曙：《朱熹「比興」論二題》，《詩經研究叢刊》第 5 輯，北京：學苑出版社，2003 年。周娟：《〈國風〉中的隱喻運用和〈詩集傳〉中的隱喻解釋》，華中師範大學碩士學位論文，2006 年。王龍：《朱熹〈詩集傳〉賦比興標詩探微》，《貴州大學學報（社會科學版）》，2008 年第 1 期。王龍：《論朱熹〈詩集傳〉中的「興」》，《山西師大學報（社會科學版）》，2009 年第 5 期。羅英俠：《〈詩集傳〉對賦比興藝術手法的闡述》，《河南科技大學學報（社會科學版）》，2011 年第 5 期。〔韓〕安性栽《朱熹〈詩集

理論角度開展的研究，偶見哲學角度的研究。

4、關於朱子《詩》教及其思想的研究

孔子以《詩》為教，以致《詩》教成為詩經學中的一個重要方面，朱子上承孔孟，也特別重視《詩》教。在這一方面的研究成果主要有：張祝平《以〈詩〉為教——朱熹〈詩〉論張目》、李慶立和范志歐《傳統〈詩經〉學對怨詩的詮釋與儒家「詩教」——以孔子、鄭玄、朱熹、馬瑞辰為例》、彭維傑博士學位論文《朱子詩教思想研究》、林慶彰《朱子〈詩集傳‧二南〉的教化觀》、王倩博士學位論文《朱熹詩教思想研究》、楊潔碩士學位論文《朱熹「詩教」思想探析——以〈詩集傳〉為中心》、陳聰發《朱熹對詩教的接受》、董學美《朱熹對「〈詩〉教」的理學論證》等。〔註49〕

5、朱子的《詩經》解釋研究

朱子解經的旨趣，自來都是學者重點關注的內容。近年來，西方詮釋學、接受美學等理論在國內逐漸受到學者重視，被不少學者用以考察朱子的《詩經》解釋中，提供了新的研究視角。

傳〉中的「比」和「興」特徵考》，《2011 年北京大學國際語言傳播學前沿論壇論文集》，北京大學，2011-05-24。〔韓〕安性栽《朱熹之「比、興」關係及觀點考察》，《2011 年國際修辭傳播學前沿論壇論文集》，日本札幌大學，2011-10-29。劉順：《鄭〈箋〉、孔〈疏〉與朱熹〈詩集傳〉「興」論略析》，《廣西社會科學》，2012 年第 2 期。王堃、黃玉順：《比興：詩學與儒學之本源觀念——朱熹〈詩集傳〉再檢討》，《中國儒學》第 7 輯，北京：中國社會科學出版社，2012 年。張萬民：《從朱熹論「比」重新考察其賦比興體系》，《復旦學報（社會科學版）》，2014 年第 1 期。賈璐：《論朱熹對〈詩經〉、〈楚辭〉賦比興的研究》，《江南大學學報（人文社會科學版）》，2018 年第 3 期。李桑：《〈詩集傳〉「賦比興」次序發微——兼談論比、興兼用與專用問題》，《湖北科技學院學報》，2018 年第 4 期。

〔註49〕 張祝平：《以〈詩〉為教——朱熹〈詩〉論張目》，《南通師專學報》，1992 年第 1 期。李慶立、范志歐：《傳統〈詩經〉學對怨詩的詮釋與儒家「詩教」——以孔子、鄭玄、朱熹、馬瑞辰為例》，《中國文學研究》，2005 年第 2 期。彭維傑：《朱子詩教思想研究》，「中國」文化大學博士學位論文，1998 年；臺北：花木蘭文化出版社，2009 年。林慶彰：《朱子〈詩集傳‧二南〉的教化觀》，《朱子學的開展——學術編》，臺北漢學研究中心，2002 年。王倩：《朱熹詩教思想研究》，北京師範大學博士學位論文；北京：北京大學出版社，2009 年。楊潔：《朱熹「詩教」思想探析——以〈詩集傳〉為中心》，中國政法大學碩士學位論文，2013 年。陳聰發：《朱熹對詩教的接受》，《淮北師範大學學報（哲學社會科學版）》，2014 年第 2 期。董學美：《朱熹對「〈詩〉教」的理學論證》，〔臺灣〕《鵝湖》，2015 年第 6 期。

　　有些學者從整體的角度來考察，主要有：張旭署《朱熹〈詩經〉解釋方法新探》《工夫在讀者——朱熹詩學闡釋思想發微》、寧宇和蘇長忠《朱熹〈詩經〉接受中體現的美學理想》、董芬《朱熹〈詩集傳〉闡釋方法分析》、朱麗霞《從文化還原到「理學」形成——從朱熹〈詩經〉解讀出發》、楊靜碩士學位論文《理學背景下的〈詩集傳〉闡釋學研究》、郝永博士學位論文《朱熹〈詩經〉解釋學研究》、劉原池《朱熹之〈詩〉學解釋學》、李健碩士學位論文《朱熹〈詩經〉詮釋思想研究》、劉思宇碩士學位論文《朱熹〈詩集傳〉闡釋模式研究》、陳志信《詩境想像、辭氣諷詠與性情涵濡——〈詩集傳〉展示的詩歌詮釋進路》、孫海龍《〈詩集傳〉義理解詩之得失》、孫雪萍《朱熹〈詩經〉詮釋之「興起」說淺論》、孫銀周碩士學位論文《朱熹〈詩集傳〉思想研究》、劉永翔《朱子〈詩集傳〉的散文繹旨》、尉利工《論朱子的〈詩經〉學詮釋思想》、魏啟峰博士學位論文《毛亨鄭玄朱熹〈詩經〉注釋研究》、張靜《從接受美學角度看〈詩經〉解讀——以〈毛詩序〉〈詩集傳〉為例》等。〔註50〕

　　有些學者從部分篇目入手考察，主要有：譚承耕《論朱熹對〈國風〉愛情詩的注釋及其道學的宣揚》、陳志信《理想世界的形塑與經典詮釋的形式

〔註50〕張旭署：《朱熹〈詩經〉解釋方法新探》，《江漢論壇》，1998 年第 1 期。張旭署：《工夫在讀者——朱熹詩學闡釋思想發微》，《東方叢刊》，2001 年第 1 期。寧宇、蘇長忠：《朱熹〈詩經〉接受中體現的美學理想》，《岱宗學刊》，2005 年第 2 期。董芬：《朱熹〈詩集傳〉闡釋方法分析》，《江蘇大學學報（社會科學版）》，2005 年第 5 期。朱麗霞：《從文化還原到「理學」形成——從朱熹〈詩經〉解讀出發》，《東南大學學報（哲學社會科學版）》，2007 年第 3 期。楊靜：《理學背景下的〈詩集傳〉闡釋學研究》，安徽師範大學碩士學位論文，2007 年。郝永：《朱熹〈詩經〉解釋學研究》，浙江大學博士學位論文，2008 年；上海：上海古籍出版社，2014 年。劉原池：《朱熹之〈詩〉學解釋學》，〔臺灣〕《人文社會科學研究》，2009 年第 3 期；《詩經研究叢刊》第 16 輯，北京：學苑出版社，2009 年。李健：《朱熹〈詩經〉詮釋思想研究》，黑龍江大學碩士學位論文，2010 年。劉思宇：《朱熹〈詩集傳〉闡釋模式研究》，北京師範大學碩士學位論文，2010 年。陳志信：《詩境想像、辭氣諷詠與性情涵濡——〈詩集傳〉展示的詩歌詮釋進路》，〔臺灣〕《漢學研究》，2011 年第 1 期。孫海龍：《〈詩集傳〉義理解詩之得失》，《鞍山師範學院學報》，2011 年第 3 期。孫雪萍：《朱熹〈詩經〉詮釋之「興起」說淺論》，《煙臺大學學報（哲學社會科學版）》，2011 年第 4 期。孫銀周：《朱熹〈詩集傳〉思想研究》，河南大學碩士學位論文，2011 年。劉永翔：《朱子〈詩集傳〉的散文繹旨》，《歷史文獻研究》第 33 輯，上海：華東師範大學出版社，2014 年。尉利工：《論朱子的〈詩經〉學詮釋思想》，《東方論壇》，2015 年第 1 期。魏啟峰：《毛亨鄭玄朱熹〈詩經〉注釋研究》，西北大學博士學位論文，2016 年。

——以朱熹〈詩集傳〉對〈二南〉的詮釋為例》、段麗惠《「鄭風淫」——朱熹詩學闡釋的突破》、夏玉玲《由承襲走向創新：以〈詩集傳〉對〈詩經·國風〉婚戀詩詩旨的解讀為例》、劉娟《理性化經學視域下的〈詩集傳·二南〉闡釋》。〔註51〕

　　還有些學者從個別篇目入手考察，如：田中和夫《從〈魏風·陟岵〉看朱子的〈詩經〉解釋》以《魏風·陟岵》篇為考察基點，將朱子的解釋與漢唐古注和宋儒新注加以對照，並結合對朱子的生活經歷的觀照，以探討朱子解《詩》的內在根據與機理。文章突出了朱子解《詩》對「人情」的重視。匡鵬飛《從〈靜女〉看〈詩經〉毛亨朱熹解釋的差異》則是對毛亨與朱熹《詩經》詮釋的對比。〔註52〕

　　此外，猶家仲博士學位論文《詩經的解釋學研究》第三章第三、四兩節分別討論朱子詮釋《詩經》的基本立場和原則。曹海東博士學位論文《朱熹經典詮釋學研究》的研究則涉及包括朱子詩經學在內的諸經詮釋。〔註53〕

6、比較研究

　　朱子是詩經學史上承前啟後的人物，所以學者除了關注朱子詩經學對後世的影響外，還始終對朱子詩經學歷時性和共時性的比較研究保持了極大的興趣。劉娟有《百年來朱熹詩經學與詩經漢學比較研究述評》和《百年來朱熹詩經學與宋代其他各家詩經學比較研究述評》有比較詳細的分析，可參看。此外，朱子治《詩》前後變化過程的比較研究也為學者所關注，而陳海燕《戴震與朱熹詩經學比較》、朱衛平《王夫之、朱熹〈詩經〉經文評論比較》則是

〔註51〕譚承耕：《論朱熹對〈國風〉愛情詩的注釋及其道學的宣揚》，《中國文學研究》，1985年第1期。陳志信：《理想世界的形塑與經典詮釋的形式——以朱熹〈詩集傳〉對〈二南〉的詮釋為例》，《漢學研究》，2003年第1期。段麗惠：《「鄭風淫」——朱熹詩學闡釋的突破》，《內蒙古大學學報（哲學社會科學版）》，2009年第5期。夏玉玲：《由承襲走向創新：以〈詩集傳〉對〈詩經·國風〉婚戀詩詩旨的解讀為例》，《楚雄師範學院學報》，2015年第11期。劉娟：《理性化經學視域下的〈詩集傳，二南〉闡釋》，《中州學刊》，2016年第2期。

〔註52〕〔日〕田中和夫：《從〈魏風·陟岵〉看朱子的〈詩經〉解釋》，《第二屆詩經國際學術研討會論文集》，北京：語文出版社，1996年。匡鵬飛：《從〈靜女〉看〈詩經〉毛亨朱熹解釋的差異》，《瀋陽師範學院學報（社會科學版）》，2001年第3期。

〔註53〕猶家仲：《詩經的解釋學研究》，北京大學博士學位論文，2000年；桂林：廣西師範大學出版社，2005年。曹海東：《朱熹經典詮釋學研究》，華中師範大學博士學位論文，2007年；武漢：湖北人民出版社，2007年。

將朱子與後世詩經學者的比較研究。〔註54〕

　　將朱子詩經學與詩經漢學進行歷時性比較研究的成果主要有：周淑舫《〈孔子詩論〉與朱子〈詩集傳〉詩學理論的文化傳承》和《孔子「詩論」與朱子詩學理論的比較研究》是就出土文獻中的《孔子詩論》與朱子詩經學的歷時性比較研究。謝謙《論朱熹〈詩〉說與毛鄭之學的異同及其歷史意義》、莫礪鋒《朱熹〈詩集傳〉與〈毛詩〉的初步比較》、朱茹和薛穎《朱熹〈詩集傳〉──與漢儒詩說的比較》、茹婧《〈毛傳〉與朱熹〈詩集傳〉釋〈詩〉比較研究》、黃忠慎《新舊典範的交鋒──〈毛詩注疏〉與〈詩集傳〉之比較》是就朱子《詩集傳》與《毛傳》、《鄭箋》、《孔疏》的比較研究。〔註55〕

　　朱子與宋代詩經學者的共時性比較研究的成果主要有：程克雅碩士學位論文《朱熹、嚴粲二家比興釋詩體系比較及其意義》、洪春音碩士學位論文《朱熹與呂祖謙詩說異同考》、吳叔樺《蘇轍與朱熹〈詩經〉詮釋之比較》、劉曉雪碩士學位論文《蘇、朱〈詩集傳〉比較研究》分別將嚴粲、呂祖謙、蘇轍與朱子進行對比研究。林惠勝碩士論文《朱呂詩序說比較研究》則是關於朱子和呂祖謙關於《詩序》問題的比較研究。姚永輝碩士學位論文《朱熹與呂祖謙關於〈詩經〉的四大論辯平議》從《詩序》之辨、思無邪之辨、雅鄭邪正之辨、《詩》是否入雅樂及其功用之辨四個方面展開。〔註56〕

〔註54〕劉娟：《百年來朱熹詩經學與詩經漢學比較研究述評》，《河北科技師範學院學報（社會科學版），2013 年第 3 期。劉娟：《百年來朱熹詩經學與宋代其他各家詩經學比較研究述評》，《河北北方學院學報（社會科學版）》，2013 年第 5 期。陳海燕：《戴震與朱熹詩經學比較》，安徽大學碩士學位論文，2005 年。朱衛平：《王夫之、朱熹〈詩經〉經文評論比較》，《船山學刊》，2016 年第 2 期。

〔註55〕周淑舫：《〈孔子詩論〉與朱子〈詩集傳〉詩學理論的文化傳承》，《湖州師範學院學報》，2006 年第 3 期。周淑舫：《孔子「詩論」與朱子詩學理論的比較研究》，《孔子研究》，2011 年第 1 期。謝謙：《論朱熹〈詩〉說與毛鄭之學的異同及其歷史意義》，《四川師範學院學報》，1985 年第 3 期。莫礪鋒：《朱熹〈詩集傳〉與〈毛詩〉的初步比較》，《中國古典文學論叢》第 2 輯，北京：人民文學出版社，1985 年。朱茹、薛穎：《朱熹〈詩集傳〉──與漢儒詩說的比較》，《南昌教育學院學報》，2007 年第 2 期。茹婧：《〈毛傳〉與朱熹〈詩集傳〉釋〈詩〉比較研究》，重慶師範大學碩士學位論文，2012 年。黃忠慎：《新舊典範的交鋒──〈毛詩注疏〉與〈詩集傳〉之比較》，《文與哲》，第 28 期，2016 年。

〔註56〕程克雅：《朱熹、嚴粲二家比興釋詩體系比較及其意義》，臺灣「中央」大學碩士學位論文，1992 年。洪春音：《朱熹與呂祖謙詩說異同考》，東海大學碩士學位論文，1995 年。吳叔樺：《蘇轍與朱熹〈詩經〉詮釋之比較》，《詩經研

朱子治《詩》自身經歷了一個由尊《序》到疑《序》再到去《序》的發展變化的過程。何澤恒《朱熹說詩先後異同條辨》是近四十年來較早關注朱子在治《詩》的發展過程，並進行歷時性對比的專論。其後，郝桂敏分別撰有《朱熹〈詩〉學研究轉變論》、《從〈詩集解〉和〈詩集傳〉詩旨差異看朱熹〈詩〉學觀念的轉變及其原因》、劉芳碩士學位論文《朱熹〈詩集解〉、〈詩集傳〉比較研究》、馬志林《從〈呂氏家塾讀詩記〉所引到〈詩集傳〉的更定──簡論朱熹〈詩經〉學的發展變化》等，均就此問題展開專論。〔註57〕

7、其他方面的研究

因「二南」出現於《論語》，故朱子於「二南」特別重視。這方面的研究成果主要有：李玉龍《朱熹注評「二南」詩得失初探》、鄭滋斌《朱熹對〈詩經〉二〈南〉的意見檢論》、姜龍翔《論朱子〈詩集傳〉對二〈南〉修齊治平之道的開展》探討了朱子對「二南」與《中庸》《易經》、二程和胡宏的關係。〔註58〕

朱熹精通詩文創作，於《詩經》的文學性有獨特的體認。這方面的研究成果除其他專論有所涉及以外，還有：楊星《文學的超越與迷失──朱熹〈詩〉學特徵簡述》、檀作文《朱熹對〈詩經〉文學性的深刻體認》、魚孝明《論朱熹對〈詩經〉的文學性解讀》、汪泓和趙勇《「文體」與「體格」──朱熹〈詩經〉文體論解讀》、方愛蓮《試論朱熹對〈詩經〉文學性的深刻體會》等。〔註59〕

究叢刊》第 17 輯，北京：學苑出版社，2009 年。劉曉雪：《蘇、朱〈詩集傳〉比較研究》，黑龍江大學碩士學位論文，2011 年。林惠勝：《朱呂詩序說比較研究》，臺灣大學碩士學位論文，1983 年。姚永輝：《朱熹與呂祖謙關於〈詩經〉的四大論辯平議》，四川大學碩士學位論文，2005 年。

〔註57〕何澤恒：《朱熹說詩先後異同條辨》，「國立」編譯館館刊》，1989 年第 1 期。郝桂敏：《朱熹〈詩〉學研究轉變論》，郝桂敏：《從〈詩集解〉和〈詩集傳〉詩旨差異看朱熹〈詩〉學觀念的轉變及其原因》，《孔子研究》，2002 年第 3 期。劉芳：《朱熹〈詩集解〉、〈詩集傳〉比較研究》，黑龍江大學碩士學位論文，2008 年。馬志林：《從〈呂氏家塾讀詩記〉所引到〈詩集傳〉的更定──簡論朱熹〈詩經〉學的發展變化》，《詩經研究叢刊》第 28 輯，北京：學苑出版社，2015 年。

〔註58〕李玉龍：《朱熹注評「二南」詩得失初探》，《社科縱橫》，1999 年第 5 期。鄭滋斌：《朱熹對〈詩經〉二〈南〉的意見檢論》，《詩經研究叢刊》第 18 輯，北京：學苑出版社，2010 年。姜龍翔：《論朱子〈詩集傳〉對二〈南〉修齊治平之道的開展》，《清華中文學報》，2012 年第 7 期。

〔註59〕楊星：《文學的超越與迷失──朱熹〈詩〉學特徵簡述》，《廈門教育學院學報》，2003 年第 4 期。檀作文：《朱熹對〈詩經〉文學性的深刻體認》，《湘潭大學學報（哲學社會科學版）》，2004 年第 1 期。魚孝明：《論朱熹對〈詩經〉的文學

此外還有：謝謙《試論朱熹的「美刺」之辨》、石文英《朱熹論風騷》、許龍《朱熹新儒家詩學思想的情性觀》、汪大白《傳統〈詩經〉學的重大歷史轉折——朱熹「以〈詩〉言〈詩〉」說申論》、劉偉生《朱熹詩經學的地域視界》、鄭俊暉《朱熹〈詩〉樂思想》等文章，以及李雲安博士學位論文《朱子詩經學的民間立場》，關注點各異，顯示出朱子詩經學研究面之廣泛。〔註60〕

（二）關於《詩集傳》的專題研究

除了以《詩集傳》為主要研究對象來研究朱子《詩》學觀的論文外，還有些專門針對《詩集傳》的研究，其角度偏重於文獻學、語文學和文學。

1、關於《詩集傳》成書與版本的研究

《詩集傳》的成書過程研究與前文所提及的朱子詩經學變化過程息息相關。包麗虹博士學位論文《朱熹〈詩集傳〉文獻學研究》是從文獻學角度的綜合研究。〔註61〕《詩集傳》的成書，目前有束景南《朱熹作〈詩集解〉與〈詩集傳〉考》一文，對從朱子初年所撰《詩集解》到今本《詩集傳》的成書背景作了細緻梳理。束氏同書中還有《〈詩集解〉輯存》一文，從呂祖謙《呂氏家塾讀詩記》輯出《詩集解》佚文若干；後再合以從段昌武《毛詩集解》和嚴粲《詩緝》中輯錄出的若干佚文，成《詩集解》，收於朱傑人等主編《朱子全書》第 26 冊。牟玉亭《〈詩集傳〉的三種版本》對《詩集傳》先後產生的三個版本作了介紹。盧姣麗《朱熹〈詩集傳〉成書過程考》、盛玉霞《朱熹〈詩集傳〉的形成與版本流變》對今本的成書過程作了考察。〔註62〕

性解讀》，《長城》，2010 年第 4 期。汪泓、趙勇：《「文體」與「體格」——朱熹〈詩經〉文體論解讀》，《江西師範大學學報（哲學社會科學版）》，2014 年第 5 期。方愛蓮：《試論朱熹對〈詩經〉文學性的深刻體會》，《長江叢刊》，2017 年第 16 期。

〔註60〕謝謙：《試論朱熹的「美刺」之辨》，《西南師範大學學報（社會科學版）》，1987 年第 1 期。石文英：《朱熹論風騷》，《廈門大學學報》，1989 年第 2 期。許龍：《朱熹新儒家詩學思想的情性觀》，《嘉應大學學報》，1997 年第 5 期。汪大白：《傳統〈詩經〉學的重大歷史轉折——朱熹「以〈詩〉言〈詩〉」說申論》，《孔子研究》，2002 年第 3 期。劉偉生：《朱熹詩經學的地域視界》，《中國韻文學刊》，2008 年第 4 期。鄭俊暉：《朱熹〈詩〉樂思想》，《交響》，2011 年第 3 期。李雲安：《朱子詩經學的民間立場》，華東師範大學博士學位論文，2012 年。

〔註61〕包麗虹：《朱熹〈詩集傳〉文獻學研究》，浙江大學博士學位論文，2004 年。

〔註62〕束景南：《朱熹佚文輯考》，南京：江蘇古籍出版社，1991 年。牟玉亭：《〈詩集傳〉的三種版本》，《詩經研究叢刊》第 2 輯，北京：學苑出版社，2002 年。

《詩集傳》有二十卷本、十卷本和八卷本三個系統，其版本問題向為目錄學家注意，大部分目錄書都會談及此書版本。呂藝《清及近代傳世〈詩集傳〉宋刊本概述》就清代和近代尚存的宋刊本《詩集傳》的版本情況與其在清代和近代的流傳情況進行了詳細的介紹。顧永新《〈詩集傳〉音釋本考》則關注的元明時期產生的眾多音釋本《詩集傳》。〔註63〕

學界一般都接受《四庫總目》的觀點，認為八卷本是後來坊刻所併，近年來對此也有爭論。一篇題為《〈南宋大字本詩集傳〉二十卷》的介紹中，認為八卷本為元延祐後產生。前揭呂藝的文章則認為八卷本是明代才開始出現。臺灣學者糜文開《詩經朱傳經文異字研究》認為，八卷本為朱子晚年定本。左松超《朱熹論〈詩〉主張及其所著〈詩集傳〉》、《朱熹〈詩集傳〉二十卷本和八卷本的比較》則申糜氏之說。朱傑人《論八卷本〈詩集傳〉非朱子原帙，兼論〈詩集傳〉之版本——與左松超先生商榷》一文詳細地比較、分析了《詩集傳》的八卷本和二十卷本的異同，並對《詩集傳》諸宋本進行辨析，再考察宋元明各官私目錄的著錄及其分卷的內在邏輯性，認為八卷本《詩集傳》是由明代人改篡，並對八卷本為何出現於明代的原因提出了三點參考意見。包麗虹博士學位論文《朱熹〈詩集傳〉文獻學研究》也討論了版本問題，認為八卷本產生於明代中期。汪業全《叶音研究》對八卷本《詩集傳》中的叶音材料進行考察，認為其中可能有元代音。而馬丹碩士學位論文《〈詩集傳〉八卷本音系研究》，認為八卷本要晚於二十卷本，而又早於《中原音韻》。〔註64〕

盧姣麗：《朱熹〈詩集傳〉成書過程考》，《延安職業技術學院學報》，2010 年第 4 期。盛玉霞：《朱熹〈詩集傳〉的形成與版本流變》，《武夷學院學報》，2018 年第 2 期。

〔註63〕 呂藝：《清及近代傳世〈詩集傳〉宋刊本概述》，《文獻》，1984 年第 4 期。顧永新：《〈詩集傳〉音釋本考》，《文獻》，2012 年 4 月；《詩經研究叢刊》第 25 輯，北京：學苑出版社，2013 年。

〔註64〕 《〈南宋大字本詩集傳〉二十卷》，《文獻》1979 年第 1 期。糜文開：《詩經朱傳經文異字研究》，《詩經欣賞與研究》第三冊，臺北：三民書局，1982 年。左松超：《朱熹論〈詩〉主張及其所著〈詩集傳〉》，《孔孟學報》，1988 年第 55 期。左松超：《朱熹〈詩集傳〉二十卷本和八卷本的比較》，《高仲華先生八秩榮慶論文集》，高雄師範學院國文研究所，1988 年。朱傑人：《論八卷本〈詩集傳〉非朱子原帙，兼論〈詩集傳〉之版本——與左松超先生商榷》，《經學研究論叢》第五輯，臺北：臺灣學生書局，1998 年。汪業全：《叶音研究》，長沙：嶽麓書社，2009 年。馬丹：《〈詩集傳〉八卷本音系研究》，河北師範大學碩士學位論文，2009 年。

2、關於《詩集傳》的整理、影印及其提要

近四十年古籍整理事業不斷發展，《詩集傳》的點校本不斷出現，其中最好的則是朱傑人的點校本，收於朱先生等主編《朱子全書》第 1 冊。此本以《四部叢刊三編》影靜嘉文庫本為底本，參校眾本，以最大程度上恢復宋刻原貌，此本還附有《詩傳綱領》和《詩序辨說》，更為完整。此外還有上海古籍出版社 1980 年標點本、鳳凰出版社 2007 年標點本、中華書局 2011、2017 年趙長征點校本。熊瑞敏《元代〈詩經〉學著作對〈詩集傳〉的校勘價值》探討了元代四部羽翼《詩集傳》的詩經學著作對《詩集傳》的校勘價值，頗有意義。此外，鳳凰出版社出版的點校本也據《四部叢刊三編》影印本點校，但該書無校勘記，且其中有些地方誤植，亦有影印過程中產生訛誤而未能改出者，陳才《鳳凰本朱熹〈詩集傳〉校點商榷》對該點校本之誤有較為詳細的糾正，可使學者更有效地利用該書。李平《〈詩集傳〉排印本標點勘誤》則對上海古籍出版社 1980 年標點本加以校勘。常森《「純綠」還是「純緣」：一個〈詩經〉學的誤讀》則糾正諸多點校本中《鄭風·子衿》篇朱注「青青，純綠之色」之「純綠」當作「純緣」。〔註 65〕此外，《詩集傳》的影印本也有問世。如上海古籍出版社影《四庫全書》、吉林出版集團影《四庫薈要》均收八卷本《詩集傳》，臺灣藝文印書館 2006 年據臺灣「中央圖書館」藏宋刻明印本影印的二十卷本《詩集傳》、華東師範大學出版社 2010 年影印出版的《朱子著述宋刻集成》所收二十卷本《詩集傳》，均是較好的版本。北京圖書館出版社 2004 年影印出版了元刻的十卷本。

《四庫總目》中有《詩集傳》之提要，張靜《〈四庫全書總目提要〉於朱熹〈詩集傳〉敘錄中的態度筆法平議》對四庫館臣撰《詩集傳》提要時的「迴護含混的曖昧態度」及其原因作了分析，袁強《四庫全書·朱熹〈詩集傳〉提要辨正》則對其加以辨正。近些年來，也有一些學者在新的學術視野和規範下為《詩集傳》撰寫提要。蔣見元、朱傑人《詩經要籍解題》中有《詩集傳》解題，夏傳才、董治安主編《詩經要籍提要》收尚繼愚所撰《詩集傳》和《詩綱領》提要、林開甲所撰《詩序辨》提要、董治安《經學要籍概述》收王承略所

〔註65〕熊瑞敏：《元代〈詩經〉學著作對〈詩集傳〉的校勘價值》，《詩經研究叢刊》第 28 輯，北京：學苑出版社，2015 年。陳才：《鳳凰本朱熹〈詩集傳〉校點商榷》，《社會科學論壇》，2003 年第 2 期。李平：《〈詩集傳〉排印本標點勘誤》，《湖南廣播電視大學學報》，2015 年第 2 期。常森：《「純綠」還是「純緣」：一個〈詩經〉學的誤讀》，《文獻》，2010 年第 1 期。

撰《詩集傳》提要。此外，趙制陽《詩經名著評介》有《朱熹詩集傳評介》；趙沛霖《詩經研究反思》也有關於《詩集傳》的評介；劉毓慶《歷代詩經著述考（先秦——元代）》收朱子《詩集傳》、《詩序辨說》和亡佚的《詩風雅頌》四卷《序》一卷三書，於前人之論略加轉錄，並加以作者按語。這些按語和評價也具提要性質，惟 20 世紀 90 年代前的一些評價略有不夠公允之處。〔註66〕

3、關於《詩集傳》中訓詁的研究

《詩集傳》的訓詁與漢唐古注有所不同，這向來為學者所注意，在這一方面的研究成果也有不少多。馮浩菲《毛詩訓詁研究》、向熹《〈詩經〉語文論集》均有專門的章節討論《詩集傳》的訓詁。而李建國《漢語訓詁學史》則有專節論及包括《詩集傳》訓詁在內的朱子訓詁學及其在訓詁學史上的地位。賈璐博士學位論文《朱熹訓詁研究》則以《詩集傳》、《四書章句集注》、《楚辭集注》、《周易本義》為材料，詳細地探討了朱子訓詁原則和方法，並總結及成就與不足。〔註67〕

柳花松博士學位論文《朱熹〈詩集傳〉注釋〈詩〉通假字研究》對《詩集傳》訓詁中揭明通假現象進行了系統的研究。李平碩士學位論文《〈詩集傳〉訓詁術語研究》、張守豔碩士學位論文《朱熹〈詩集傳〉訓詁研究》、羅晨《朱熹〈詩集傳〉訓詁研究——〈詩經·國風〉的實詞注釋》、張劍虹《朱熹〈詩

〔註66〕張靜：《〈四庫全書總目提要〉於朱熹〈詩集傳〉敘錄中的態度筆法平議》，《河北大學成人教育學院學報》，2009 年第 2 期。袁強：《四庫全書·朱熹〈詩集傳〉提要辨正》，《文教資料》，2017 年第 25 期。蔣見元、朱傑人：《詩經要籍解題》，上海：上海古籍出版社，1996 年。夏傳才、董治安主編：《詩經要籍提要》，北京：學苑出版社，2003 年。董治安主編：《經學要籍概述》，南京：江蘇教育出版社，2008 年。趙制陽：《詩經名著評介》，臺北：臺灣學生書局，1983 年。趙沛霖：《詩經研究反思》，天津：天津教育出版社，1998 年。劉毓慶：《歷代詩經著述考（先秦——元代）》，北京：中華書局，2002 年。

〔註67〕〔韓〕柳花松：《朱熹〈詩集傳〉注釋〈詩〉通假字研究》，南京大學博士學位論文，2001 年。李平：《〈詩集傳〉訓詁術語研究》，蘭州大學碩士學位論文，2007 年。張守豔：《朱熹〈詩集傳〉訓詁研究》，山東師範大學碩士學位論文，2011 年。羅晨：《朱熹〈詩集傳〉訓詁研究——〈詩經·國風〉的實詞注釋》，河北師範大學碩士學位論文，2012 年。張劍虹：《朱熹〈詩集傳〉的訓詁研究》，遼寧師範大學碩士學位論文，2014 年。李平：《〈詩集傳〉中的「互文」、「變文」、「便文」修辭辨析》，《西南學林》，昆明：雲南民族出版社，2016 年。李建國：《漢語訓詁學史》，上海：上海辭書出版社，2002 年。賈璐：《朱熹訓詁研究》，復旦大學博士學位論文，2011 年；北京：中國社會科學出版社，2015 年。

集傳〉的訓詁研究》、李平《〈詩集傳〉中的「互文」、「變文」、「便文」修辭辨析》則是專門關於《詩集傳》訓詁方面的研究。〔註68〕

　　《詩集傳》訓詁牽涉頗廣，這方面的專題論文有多篇，如：陳松長《〈詩集傳〉訓詁體例類述》《朱熹〈詩集傳〉的訓詁特色》、羅英俠《集大成：朱熹〈詩集傳〉的訓釋特色》、謝明仁和陳才《淺談朱熹〈詩集傳〉的訓詁》對其作了整體性考察，范義財《朱熹〈詩集傳〉訓詁指瑕》則對《詩集傳》中的訓詁方法加以商榷，俞允海《從〈詩集傳〉考察朱熹的語法意識》、原新梅《簡明平易：朱熹〈詩集傳〉注釋的修辭特色》分別對《詩集傳》訓詁中的語法現象作了考察，王明春《朱熹〈詩集傳〉助詞探析》分析了《詩集傳》對於助詞的認識，李彧和豐素貞《朱熹〈詩集傳〉「某音某」作用及特點》、李平《談〈詩集傳〉中的訓詁術語「放此」》、就《詩集傳》中的訓詁術語作了考察。朱傑人《朱子〈詩集傳〉引文考》、耿紀平《朱熹〈詩集傳〉徵引宋人〈詩〉說考論》關注點則是《詩集傳》訓詁資料的來源問題，莊雅州有《從文化角度探討〈詩集傳〉的名物訓詁》，陳才有《從「其」字釋義看朱子的讀書方法》。〔註69〕

　　有一些學者將《詩集傳》的訓詁與毛鄭進行比較研究，比如：祝敏徹、

〔註68〕馮浩菲：《毛詩訓詁研究》，武漢：華中師範大學出版社，1988 年。向熹：《〈詩經〉語文論集》，成都：四川民族出版社，2002 年。

〔註69〕陳松長：《〈詩集傳〉訓詁體例類述》，《婁底師專學報》，1988 年第 3 期。陳松長：《朱熹〈詩集傳〉的訓詁特色》，《古漢語研究》，1989 年第 3 期。羅英俠：《集大成：朱熹〈詩集傳〉的訓釋特色》，《中州學刊》，2007 年第 4 期。謝明仁、陳才》：《淺談朱熹〈詩集傳〉的訓詁》，《詩經研究叢刊》第 16 輯，北京：學苑出版社，2009 年。范義財：《朱熹〈詩集傳〉訓詁指瑕》，《鞍山師範學院學報》，2011 年第 5 期。俞允海：《從〈詩集傳〉考察朱熹的語法意識》，《古漢語研究》，2002 年第 3 期。原新梅：《簡明平易：朱熹〈詩集傳〉注釋的修辭特色》，《修辭學習》，2003 年第 6 期。王明春：《朱熹〈詩集傳〉助詞探析》，《綏化學院學報》，2007 年第 3 期。李彧、豐素貞：《朱熹〈詩集傳〉「某音某」作用及特點》，《唐山師範學院學報》，2008 年第 1 期。李平：《談〈詩集傳〉中的訓詁術語「放此」》，《萍鄉高等專科學校學報》，2008 年第 4 期。朱傑人：《朱子〈詩集傳〉引文考》，《慶祝施蟄存教授百歲華誕論文集》，上海：上海古籍出版社，2003 年。耿紀平：《朱熹〈詩集傳〉徵引宋人〈詩〉說考論》，《第六屆詩經國際學術研討會論文集》，北京：學苑出版社，2005 年；《河南教育學院學報（哲學社會科學版）》，2006 年第 2 期。莊雅州：《從文化角度探討〈詩集傳〉的名物訓詁》，《展望未來的朱子學研究》，廈門：廈門大學出版社，2012 年。陳才：《從「其」字釋義看朱子的訓詁》，《如切如磋：經學文獻探研錄》，臺北：花木蘭文化出版事業有限公司，2018 年。

尚春生《論毛鄭傳箋的異同》談及對《詩集傳》訓詁從毛、從鄭和兼採毛鄭的情況，並作了數量上的統計；李開金《〈詩集傳〉與毛詩鄭箋訓詁相通說》旨在揭明《詩集傳》對詩經漢學訓詁上有所承繼；莫礪鋒《朱熹文學研究》在談及《詩集傳》章句訓詁方面的成就時，也是將其與毛鄭加以比較；陳明義《朱熹〈詩經〉學與〈詩經〉漢學傳統異同之研究》以較多篇幅對《詩集傳》和詩經漢學系統中的訓詁進行對比分析；劉衛寧碩士學位論文《〈毛詩故訓傳〉、〈毛詩箋〉與〈詩集傳〉訓詁比較研究》、趙振興和唐麗娟《毛傳與朱熹〈詩集傳〉異訓比較研究》、曾抗美《〈詩經〉毛亨傳、鄭玄箋、朱熹注比較研究釋例》、王姝菡《〈毛傳〉和〈詩集傳〉的異訓釋例》等各有創獲。〔註70〕

此外，胡憲麗《朱熹〈詩集傳〉判斷句研究》是以朱子《詩集傳》訓詁中的判斷句為材料，將其與漢代的《毛傳鄭箋》和當代的《詩經注析》進行歷時性對比，藉以考察判斷句的發展軌跡。〔註71〕

4、關於《詩集傳》注音的研究〔註72〕

《詩集傳》的注音，有不少地方採用叶音，歷來都是《詩集傳》被批評的焦點，因為叶音說並沒有認清古音的性質。明清兩朝，對《詩集傳》採用的叶音說進行了大力批評。黃景湖《〈詩集傳〉注音初探》（《廈門大學學報》哲學社會科學版1981年第4期）、王力在《朱熹反切考》（收《龍蟲並雕齋文集》，中華書局1982年版）和《詩經韻讀》（中國人民大學出版社2004年版）中對此也有不遺餘力的批評。而臺灣學者許世瑛自1970年起的四年內先後發表6篇文章，借《詩集傳》叶音材料考察《廣韻》聲韻調在朱子口中的併合

〔註70〕祝敏徹、尚春生《論毛鄭傳箋的異同》，《蘭州大學學報（社科版）》，1983年第1期。李開金：《〈詩集傳〉與毛詩鄭箋訓詁相通說》，《武漢大學學報（人文科學版）》，1987年第3期。莫礪鋒：《朱熹文學研究》，南京：南京大學出版社，2000年。陳明義：《朱熹〈詩經〉學與〈詩經〉漢學傳統異同之研究》，臺北：花木蘭文化出版社，2009年。劉衛寧：《〈毛詩故訓傳〉、〈毛詩箋〉與〈詩集傳〉訓詁比較研究》，暨南大學碩士學位論文，2005年。趙振興、唐麗娟：《毛傳與朱熹〈詩集傳〉異訓比較研究》，《長江學術》，2008年第1期。曾抗美：《〈詩經〉毛亨傳、鄭玄箋、朱熹注比較研究釋例》，《古籍研究》2009卷，合肥：安徽大學出版社，2010年。王姝菡：《〈毛傳〉和〈詩集傳〉的異訓釋例》，《北方文學（下半月）》，2011年第8期。

〔註71〕胡憲麗：《朱熹〈詩集傳〉判斷句研究》，《重慶文理學院學報（社會科學版）》，2010年第5期。

〔註72〕本小節的撰寫適當參考了汪業全《20世紀以來叶音研究述評》，《學術論壇》，2006第8期。

情況。此後，在朱子叶音說的研究上，關注角度更為豐富，對於叶音說的音韻學價值、文獻價值也有了更深的認識和發掘。〔註73〕對此，汪業全《20世紀以來叶音研究述評》一文有較為詳細的分析，茲不贅述。

一方面，學者也開始關注《詩集傳》叶音材料的音韻價值，藉以考察南宋時期語音面貌。王力《朱熹反切考》和《漢語語音史》據其叶音材料以考察南宋音系。周望城《應給朱熹〈詩集傳〉叶韻以正確評價》提醒學界對於叶韻不應只顧批評而忽視其價值。其後，賴江基《從〈詩集傳〉的叶音看朱熹音的韻系》、馮喜武和王正《漢語古今語音發展變化之管見——兼評朱熹〈詩集傳〉中的「叶音」》、陳鴻儒《朱熹用韻考》、黎新第《從量變看朱熹反切中的全拙清化》、黎新第《對朱熹反切中的全濁清化例證的再探討》、蔣冀騁《朱熹反切音系中已有舌尖前高元音說質疑》、劉曉南《〈詩集傳〉支思部獨立獻疑》等文章逐漸展開更深入的探討。〔註74〕另一方面，有些學者將《詩集傳》中的叶音材料的性質加以研究。陳廣忠《朱熹〈詩集傳〉叶音考辨》將其與上古音加以對比，認為二者大致相同。陳鴻儒《〈詩集傳〉叶音與朱熹古韻》則在剔除今韻後，考察朱子叶音中的古韻屬性；《〈詩集傳〉叶音與朱熹古韻》則分析了朱子心目中古音的韻部；爾後，他在《〈詩集傳〉叶音辨》認為叶音是朱子「心目中的古音」。張民權還有《朱熹詩集傳的修訂及其叶韻考異》論八卷本《詩集傳》的叶音並非朱鑒所損益。劉曉南先後發表《朱熹與閩方言》、《朱熹詩經楚辭叶音中的閩音聲母》考察包括《詩集傳》、《楚辭集注》所注叶音中與閩方言的關係。此外，陳鴻儒《〈詩本音〉所考古音與〈詩集傳〉注

〔註73〕黃景湖：《〈詩集傳〉注音初探》，《廈門大學學報（哲學社會科學版）》，1981年第4期。王力：《朱熹反切考》，《龍蟲並雕齋文集》，北京：中華書局，1982年。王力：《詩經韻讀》，北京：中國人民大學出版社，2004年。

〔註74〕王力：《漢語語音史》，北京：中國社會科學出版社，1985年。周望城：《應給朱熹〈詩集傳〉叶韻以正確評價》，《湖南教育學院學報》，1986年第2期。賴江基：《從〈詩集傳〉的叶音看朱熹音的韻系》，《音韻學研究》第2輯，北京：中華書局，1986年。馮喜武、王正：《漢語古今語音發展變化之管見——兼評朱熹〈詩集傳〉中的「叶音」》，《牡丹江師院學報》，1988年第2期。陳鴻儒：《朱熹用韻考》，《龍巖師專學報》，1992年第1期。黎新第：《從量變看朱熹反切中的全拙清化》，《語言研究》，1999年第1期。黎新第：《對朱熹反切中的全濁清化例證的再探討》，《古漢語研究》，2001第1期。蔣冀騁：《朱熹反切音系中已有舌尖前高元音說質疑》，《古漢語研究》，2001年第4期。劉曉南：《〈詩集傳〉支思部獨立獻疑》，《紀念王力先生百年誕辰學術論文集》，北京：商務印書館，2002年。

音》將《詩集傳》的注音與顧炎武《詩本音》所考之古音進行歷時性對比，認為「顧炎武古音學成就有不如朱熹者」，對前說中揚顧抑朱的現象起到了一定的廓清作用；劉曉南有《論朱熹詩騷叶音的語音根據及其價值》，又有《朱熹叶音本意考》，揭明朱子所注叶音的目的是說明押韻，而不是改音；劉曉南和周賽紅《朱熹吳棫毛詩音叶異同考》、劉曉南《論朱熹〈詩集傳〉對吳棫〈毛詩補音〉的改訂》、汪業全《朱熹〈詩集傳〉與吳棫〈詩補音〉音叶考異》等都是將《詩集傳》的注音與吳棫《詩補音》進行共時的對比研究；張民權《吳棫〈詩補音〉與宋代古音學研究》則有專門章節將吳棫《詩補音》、王質《詩總聞》和朱子《詩集傳》中的叶音進行共時性分析。汪業全《叶音研究》對除了關注二十卷本的叶音材料外，還對八卷本中的叶音材料進行考察，並認為其中可能有元代音。劉曉南《〈詩集傳〉叶音與宋代常用字音——叶音同於韻書考論之二》揭示了《詩集傳》中非常用音叶韻語料的語音史價值。〔註75〕

雷勵、余頌輝《朱熹〈詩集傳〉所注二反、二音考》不僅僅侷限於叶音，而是從《詩集傳》中所有注音材料入手，對其中一個字注兩個音的現象加以考察。陳鴻儒《朱熹〈詩〉韻研究》對於朱子叶音作了系統而深入的研究，揭示了朱子的古韻觀念，糾正了傳統說法中的一些未安之處，同時，通過與吳棫、陳第、顧炎武、江永的比較研究，證明了朱子在古韻學史中應當享有

〔註75〕陳廣忠：《朱熹〈詩集傳〉叶音考辨》，《安徽大學學報（哲學社會科學版）》，1999 年第 2、3 期。陳鴻儒：《〈詩集傳〉叶音與朱熹古韻》，《古漢語研究》，2000 年第 1 期。陳鴻儒：《〈詩集傳〉叶音與朱熹古韻》，《漢語音韻學第六屆國際學術研討會論文集》，香港：香港文化教育出版社，2000 年。陳鴻儒：《〈詩集傳〉叶音辨》，《古漢語研究》，2001 年第 2 期。張民權：《朱熹詩集傳的修訂及其叶韻考異》，《古代語言現象探索》，北京：北京廣播學院出版社，2003 年。劉曉南：《朱熹與閩方言》，《方言》，2001 年第 1 期。劉曉南：《朱熹詩經楚辭叶音中的閩音聲母》，《方言》，2002 年第 4 期。陳鴻儒：《〈詩本音〉所考古音與〈詩集傳〉注音》，《語言研究》，2003 年第 3 期。劉曉南：《論朱熹詩騷叶音的語音根據及其價值》，《古漢語研究》，2003 年第 3 期。劉曉南：《朱熹叶音本意考》，《古漢語研究》，2004 年第 3 期。劉曉南、周賽紅：《朱熹吳棫毛詩音叶異同考》，《語言研究》，2004 年第 4 期。劉曉南：《論朱熹〈詩集傳〉對吳棫〈毛詩補音〉的改訂》，《浙江大學學報（人文社會科學版）》，2005 年第 3 期。汪業全：《朱熹〈詩集傳〉與吳棫〈詩補音〉音叶考異》，《南通大學學報（社會科學版）》，2009 年第 2 期。張民權：《吳棫〈詩補音〉與宋代古音學研究》，北京：商務印書館，2005 年。汪業全：《叶音研究》，長沙：嶽麓書社，2009 年。劉曉南：《〈詩集傳〉叶音與宋代常用字音——叶音同於韻書考論之二》，《長江學術》，2015 年第 1 期。

崇高的學術地位。李斯斯、趙法坤、周鵬《朱熹籍貫中方言特色對〈詩集傳〉叶音用韻的影響淺探》舉例論證《詩集傳》注音受閩方言影響，這對於瞭解當時當地語音有一定幫助。王金豔、康忠德《〈詩集傳〉非叶音反切聲母研究》通過窮盡性考察，指出朱子注音受閩方言的影響。劉曉南《〈詩集傳〉音釋的二音二叶同注例》則是對《詩集傳》中 40 處「二音二叶例」加以窮盡性考察，並揭示其語音史價值。李子君、朱光鑫《20 卷本〈詩集傳〉朱熹自創音切考辨》將 22 個朱子自創音切從《詩集傳》2490 個音切離析出來，提出二十卷本《詩集傳》的語音史價值需要重新評估。〔註 76〕

5、《詩集傳序》的研究

今本《詩集傳》成書於淳熙十三年（1186），而書前《序》作於淳熙四年（1177）。朱鑒《詩傳遺說》中說：「《詩傳》舊序，此乃先生丁酉歲用《小序》解《詩》時所作。」〔註 77〕對於這個序的性質，除一些專著中偶有涉及外，尚有三篇專題論文：董芬、葉當前《論〈詩集傳序〉理學視野下的〈詩〉學思想》分析了《詩集傳序》的內容包括《詩》的發生、功能、讀法和風格，指出朱子詩學思想受理學指導和支配。張輝《朱熹〈詩集傳序〉論說》亦分析了《詩集傳序》的內容，提出朱子對漢儒《詩》說的三個內在改變，並試圖進而分析他「從實質上改寫《詩序》——無論是《大序》還是《小序》的意圖」。朱子尊《大序》，並無改寫《大序》的意圖。若從詩經學和朱子學是雙重視野下來觀照，本文的考察和觀點有很大的爭議空間。田鵬《朱熹〈詩集傳〉自序考論》考察了《詩集傳序》的創作時間和體例，皆亦難成定論。〔註 78〕

〔註 76〕雷勵、余頌輝《朱熹〈詩集傳〉所注二反、二音考》，《語言科學》，2011 年第 3 期。陳鴻儒：《朱熹〈詩〉韻研究》，北京：社會科學文獻出版社，2012 年。李斯斯、趙法坤、周鵬：《朱熹籍貫中方言特色對〈詩集傳〉叶音用韻的影響淺探》，《廣西職業技術學院學報》，2013 年第 10 期。王金豔、康忠德：《〈詩集傳〉非叶音反切聲母研究》，《百色學院學報》，2015 年第 3 期。劉曉南：《〈詩集傳〉音釋的二音二叶同注例》，《漢語史學報》第 16 輯，上海：上海教育出版社，2016 年。李子君、朱光鑫：《20 卷本〈詩集傳〉朱熹自創音切考辨》，《吉林大學社會科學學報》，2018 年第 2 期。

〔註 77〕〔宋〕朱鑒：《詩傳遺說》，《四庫全書薈要》本，長春：吉林出版集團，2005 年。

〔註 78〕董芬、葉當前：《論〈詩集傳序〉理學視野下的〈詩〉學思想》，《湖州師範學院學報》，2010 年第 3 期。張輝：《朱熹〈詩集傳序〉論說》，《文藝理論研究》，2013 年第 3 期。田鵬：《朱熹〈詩集傳〉自序考論》，《貴州文史叢刊》，2016 年第 1 期。

6、其他方面的研究

除以上研究成果外，尚有：吹野安、石本道明《朱熹詩集傳全注釋》對《詩集傳》加以注釋，以便日本學者研讀。〔註79〕樂文華《從〈詩集傳〉看朱熹的婚戀觀念》、吳全蘭《從〈詩集傳〉看朱熹的愛情婚姻觀》、周煥卿《從〈詩集傳〉看朱熹的理學思想》、李智會《從〈詩集傳〉看朱熹之婦女觀》、丁世潔《從〈詩集傳〉看朱熹的文藝觀》、綦曉芹《〈詩集傳〉中朱子的理想社會》、劉代霞《從〈詩集傳〉看朱熹的婚戀觀》等論文關注點各異。〔註80〕

《詩集傳》分章斷句與毛、鄭偶有相異。李平《〈詩集傳〉章數辯證》校定《詩集傳》共1141章；倪傾風、江瓊《試論朱熹〈詩集傳〉的分章》對《詩集傳》改動《毛詩》分章進行簡單分析，認為《詩集傳》把《詩經》從「一個經學文本還之於文學文本」；徐有富《〈詩集傳〉對〈詩經〉篇章結構的探討》對《詩集傳》重分篇什和調整分章有著比較詳細的考察和分析；吳洋《朱熹〈詩集傳〉章句考》對《詩集傳》的重新分章、斷句進行分析，並將與朱子《詩》學思想聯繫起來，以從中歸納出朱子解《詩》的某些特點。〔註81〕

三、研究現狀的簡要分析

從上面所列的研究成果來看，近四十年來，朱子詩經學研究取得了很大的成就，表現在研究的範圍和領域逐漸擴大、研究者逐漸增多、研究成果的數量和質量不斷提高。而毋庸諱言的是，朱子詩經學研究中存在一些問題，

〔註79〕〔日〕吹野安、石本道明：《朱熹詩集傳全注釋》，東京：明德出版社，1996～1999年。

〔註80〕樂文華：《從〈詩集傳〉看朱熹的婚戀觀念》，《江西教育學院學報（社會科學）》，1995年第5期。吳全蘭《從〈詩集傳〉看朱熹的愛情婚姻觀》，《詩經研究叢刊》第2輯，北京：學苑出版社，2002年。周煥卿《從〈詩集傳〉看朱熹的理學思想》，《寧波大學學報（人文科學版）》，2002年第1期。李智會：《從〈詩集傳〉看朱熹之婦女觀》，《文史博覽》，2006年第4期。丁世潔：《從〈詩集傳〉看朱熹的文藝觀》，《河南社會科學》，2008年第6期。綦曉芹：《〈詩集傳〉中朱子的理想社會》，《社會科學輯刊》，2009年第2期。劉代霞：《從〈詩集傳〉看朱熹的婚戀觀》，《畢節學院學報》，2009年第6期。

〔註81〕李平：《〈詩集傳〉章數辯證》，《文山學院學報》，2010年第3期。倪傾風、江瓊：《試論朱熹〈詩集傳〉的分章》，《現代語文：上旬》，2011年第7期。徐有富：《〈詩集傳〉對〈詩經〉篇章結構的探討》，《南京師範大學文學院學報》，2011年第2期。吳洋：《朱熹〈詩集傳〉章句考》，《國學學刊》，2011年第3期；《朱熹〈詩經〉學思想探源及研究》，北京：社會科學文獻出版社，2014年。

比如：有些研究者未能全面、系統地審視朱子相關學說，以至於結論頗值得商榷；有些學者囿於自己的專業領域，對其他學者在其他角度的研究成果關注不夠；還有些學者求之過深，不合朱子本意；有些學者重視詩經宋學而對詩經漢學缺乏瞭解，不能從全面把握朱子詩經學；還有些研究者的知識儲備明顯不足，不能深刻領會朱子博大精深的思想；等等。更有甚者，其中存在一定量的低水平重複研究現象。

具體來說，一些專題考察，可能為文章篇幅所限，並未能將其考察範圍擴展到朱子學和詩經學史，甚至學術史的更廣闊領域，致使其結論立論不穩。比如，朱子是否以詩言《詩》，將《詩經》首先當作文學作品來看待，恐怕許多研究沒有顧及朱子本意。又如，同樣對於「淫詩說」，有學者極力吹捧，稱其「可以養心」；有學者極力貶低，稱其「貽誤後學」。〔註 82〕甚至對於朱子詩經學，也有正反兩面的不同評價，李家樹甚至認為《詩集傳》連作為《詩經》入門讀物的資格都沒有。再如，關於朱子詩經學的地位，有學者認為朱子是詩經宋學的奠基，也有學者認為朱子是詩經宋學的集大成。這些恐怕與各家對於詩經學史的認識不盡相同所致，而這同時亦是不得不令人深思的問題。

當然，還有些內容尚未引起學者廣泛關注，有待更深入的研究。比如，朱子詩經學的形成過程，其實也就是朱子對詩經學重建的過程，而這個重建，伴隨著朱子對詩經漢學與宋代詩經學各自的繼承與批評。而其中，朱子對詩經漢學的繼承、對宋代詩經學批評，並不為學界深入關注。又如，對於朱子《詩序》觀的研究，大多學者忽略了朱子自己明確說過自己「捨《序》言《詩》」，而侷限於將《詩集傳》與《毛詩序》異同進行對比。且不說進行這樣的數理統計對於此一學術現象的考察分析是否適當，這些研究只進行了表面現象的分析，而鮮有對其實質的深入探討。若從朱子自身角度來考察朱子《詩序》觀，恐怕不是朱子對於《詩序》從與不從，而是朱子重新審視《詩序》後是否認可其說。還如，對於《詩集傳》中訓詁、音注資料分析的一些文章中，忽略了朱子之訓詁、注音有不少是紹承前說，並非朱子自創，那麼，將這些資料的來源不加以辨析，將其作為一個整體籠統觀之，亦未必恰當。特別是語音研究中，少數論文將《詩集傳》中所有反切資料作為朱子所持的實際語

〔註82〕參看黃忠慎：《朱子〈詩經〉學新探》，臺北：五南圖書出版公司，2002 年，第 59 頁注釋 1。

音來看待，而忽略了這些材料有的是從陸德明《毛詩音義》，有的是從《說文》所附唐恇《切韻》音切，甚至有的是從《廣韻》音切，這樣必然導致結論有所偏頗。而在訓詁上亦是如此，《詩集傳》的訓詁資料來源很複雜，我們從《詩集傳》中所有訓詁資料來分析其訓詁特色，恐怕也不夠合理。此外，《詩集傳》對《毛詩》文本的校勘，及其中所涉及的深層問題，學者皆未曾關注。朱子自作之新訓亦有對有錯，其誤注之處，則未見有專門論及者。

　　還有一點尤需注意的是，朱子思想學說與其治《詩》實踐的關聯性則為既有研究所忽視。朱子以為漢唐以來道統中斷，故以紹承孔孟道統為己任，吸收北宋五子思想的精髓，形成了一個嚴密、龐大的理論體系，集理學之大成。朱子「理一分殊」的本體論、「格物致知」的認識論、陰陽兩分的二元論、通經明理求道的解經方法論等學術思想與他解經實踐是一以貫之的。他的這些理論主張，必然反映在其詩經學中，而既有研究對此關注顯然不夠。

〔本文為 2017 年度國家社科基金後期資助項目「朱子詩經學考論」（項目編號 17FZW035）階段性成果。〕

經鈔類文獻的源與流

劉全波

作者簡介：劉全波，歷史學博士，蘭州大學敦煌學研究所副教授。

一、經鈔類文獻的源

《史記》卷十四《十二諸侯年表》載；

> 鐸椒為楚威王傅，為王不能盡觀《春秋》，採取成敗，卒四十章，為《鐸氏微》。〔註1〕

《漢書》卷三十《藝文志》亦載：

> 《鐸氏微》三篇。楚太傅鐸椒也。〔註2〕

孔穎達《春秋左傳正義》卷一載：

> 劉向《別錄》云：左丘明授曾申，申授吳起，起授其子期，期授楚人鐸椒。鐸椒作《抄撮》八卷授虞卿，虞卿作《抄撮》九卷授荀卿，荀卿授張蒼。〔註3〕

很顯然，鐸椒因為楚威王不能盡觀《春秋》，於是他採摘其中的成敗之事，編成四十章的精簡本《鐸氏微》，以供楚威王閱覽。不僅僅是君王，就是一般的讀書人，面對浩瀚的典籍，也需要駕繁就簡之策，為此，抄撮、抄撰〔註4〕之

〔註1〕《史記》卷十四《十二諸侯年表》，北京：中華書局，1959年，第510頁。
〔註2〕《漢書》卷三十《藝文志》，北京：中華書局，1962年，第1713頁。
〔註3〕〔清〕阮元校刻：《十三經注疏（附校勘記）》，北京：中華書局，1980年，第1703頁。
〔註4〕「抄」與「鈔」字，多混用，本文亦需做一界定，為了與「史鈔」對應，稱「經鈔」，而在具體的描述「抄」這個動作時，用「抄」，故「抄撮」「抄撰」用「抄」字。

-233-

作不時而出，後來則是時時而有，再後來就大量的出現且流行開來。

張滌華先生《類書流別》言：「按：《漢志》『《虞氏微傳》二篇，趙相虞卿。』虞卿，趙孝成王時人。姚振宗《漢書藝文志條理》卷一之下疑《虞氏微傳》與《抄撮》非一書，然無確據。《漢志》又有《張氏微》十篇，張氏失名，或即張蒼。由鐸椒至張蒼，凡四傳，皆為抄撮之學。」〔註5〕

張舜徽先生甚至認為古之諸子百家書，其中就有抄撮、抄撰而成的。其言：「昔之讀諸子百家書者，每喜撮錄善言，別抄成帙。《漢書·諸子略》儒家有《儒家言》十八篇，道家有《道家言》二篇，法家有《法家言》二篇，雜家有《雜家言》一篇，小說家有《百家》百三十九篇，皆古人讀諸子書時撮抄群言之作也。可知讀書摘要之法。自漢以來然矣。後人傚之，遂為治學一大法門。」〔註6〕

東漢時期的景鸞，抄撮群書，並有了以類相從的觀念，這大概就是古人在讀書過程中最自然、最順手的劄記方式。《後漢書》卷七十九下《儒林下》載：「景鸞字漢伯，廣漢梓潼人也……作《易說》及《詩解》，文句兼取《河》《洛》，以類相從，名為《交集》。」〔註7〕在古代，尤其是印刷術未普及之前，圖書典籍皆依賴抄寫，而在不斷的抄寫的過程中，抄中有撰，撰中有抄，成為常態，且是最真實的情況。

《晉書》卷七十二《郭璞傳》載：「璞撰前後筮驗六十餘事，名為《洞林》。又抄京、費諸家要最，更撰《新林》十篇、《卜韻》一篇。」〔註8〕《晉書》卷七十二《葛洪傳》亦載：「自號抱朴子，因以名書。其餘所著碑誄詩賦百卷，移檄章表三十卷，神仙、良吏、隱逸、集異等傳各十卷，又抄《五經》、《史》、《漢》、百家之言、方技雜事三百一十卷，《金匱藥方》一百卷，《肘後要急方》四卷。」〔註9〕郭璞與葛洪都是當時名家，富有學問，郭璞抄京、費諸家要最，撰成《新林》十篇、《卜韻》一篇。葛洪抄《五經》《史》《漢》、百家之言、方技雜事，共有三百一十卷之多，足見兩位古之名人在抄撮、抄撰事業上的成就，更可見此時期學問傳承、知識傳遞的主要途徑。

殆至南北朝時期，抄撮、抄撰之風大為興盛，甚至出現了「抄撰學士」。

〔註5〕張滌華：《類書流別（修訂本）》，北京：商務印書館，1985年，第7頁。
〔註6〕張舜徽：《廣校讎略》，武漢：湖北教育出版社，1990年，第160頁。
〔註7〕《後漢書》卷七十九下《儒林下》，北京：中華書局，1965年，第2572頁。
〔註8〕《晉書》卷七十二《郭璞傳》，北京：中華書局，1974年，第1910頁。
〔註9〕《晉書》卷七十二《葛洪傳》，北京：中華書局，1974年，第1913頁。

《周書》卷四十一《庾信傳》載:「信幼而俊邁,聰敏絕倫。博覽群書,尤善《春秋左氏傳》。身長八尺,腰帶十圍,容止頹然,有過人者。起家湘東國常侍,轉安南府參軍。時肩吾為梁太子中庶子,掌管記。東海徐摛為左衛率。摛子陵及信,並為抄撰學士。」〔註10〕《北史》卷八十三《文苑傳》載:「東海徐摛為右衛率。摛子陵及信並為抄撰學士。」〔註11〕《南史》卷五十《庾易附庾肩吾傳》載:「肩吾字慎之,八歲能賦詩,為兄於陵所友愛……在雍州被命與劉孝威、江伯搖、孔敬通、申子悅、徐防、徐摛、王囿、孔鑠、鮑至等十人抄撰眾籍,豐其果饌,號高齋學士。」〔註12〕南北朝時期,學士名號多至十幾種,省、觀、殿、館、園多置學士,且學士設置也多無定員、定品,設置起來比較靈活,學士可以「或省或觀或殿或館隨用各置學士」。趙翼《陔餘叢考》卷二十六言:「第其時所謂學士,不過如文人云爾。」〔註13〕這群抄撰學士的主要職責,不就是抄撮典籍嗎?其一是典籍的原樣複製,其二就是上文所言之抄撰合一。

張滌華先生《類書流別》載:「殆至後漢,鈔撮之風又起。其始尚止限於史書,其後浸假及於眾籍。按:《隋志》經、子、集三部,亦各有書鈔,合計不下五六十種,皆三國、六朝時人所作。」〔註14〕曹之先生據《隋書》《南齊書》《梁書》《南史》統計得到有關抄撮、抄撰而成的著作達36類50餘種。〔註15〕張滌華先生與曹之先生的論斷與數據,給我們展現了繁榮的一個抄撮、抄撰之風,其實,此時期的抄撮、抄撰之風,不僅僅是繁榮,而是異常繁榮,此時期的文人學士、官僚公卿乃至王子皇孫都加入到這場龐大的抄撮、抄撰運動中來,都在孜孜不倦的讀書、抄書、撰書,抄撮、抄撰的內容不僅有經書、史書、子書,還有譜牒、醫書、樂府、占卜書等等。

史鈔是我們後來所熟悉的史書體例,他的發展就是淵源與抄撮、抄撰之風,類書的發展亦是如此,但是我們認為,抄撮、抄撰之風下產生的新的圖書編纂體例,不僅僅只有史鈔與類書,還有經鈔、子鈔、集鈔等。只是由於特殊原因,這些經鈔、子鈔、集鈔沒有發展起來,曇花一現之後,變成了中

〔註10〕《周書》卷四十一《庾信傳》,北京:中華書局,1971年,第733頁。

〔註11〕《北史》卷八十三《文苑傳》,北京:中華書局,1974年,第2793頁。

〔註12〕《南史》卷五十《庾易附庾肩吾傳》,北京:中華書局,1975年,第1246頁。

〔註13〕〔清〕趙翼:《陔餘叢考》卷二十六,北京:商務印書館,1957年,第522頁。

〔註14〕張滌華:《類書流別(修訂本)》,北京:商務印書館,1985年,第10~11頁。

〔註15〕曹之:《中國古籍編撰史》,武漢:武漢大學出版社,2006年,第78~84頁。

國文化史上的若隱若現的雪泥鴻爪。

《南齊書》卷五十四《高逸傳》載：

> 宋元嘉末，文帝令尚書僕射何尚之抄撰《五經》，訪舉學士，縣以駿士應選。〔註16〕

《南史》卷四十一《齊宗室·衡陽王鈞傳》載：

> 鈞常手自細書寫五經，部為一卷，置於巾箱中，以備遺忘。侍讀賀玠問曰：「殿下家自有墳素，復何須蠅頭細書，別藏巾箱中？」答曰：「巾箱中有五經，於檢閱既易，且一更手寫，則永不忘。」諸王聞而爭傚為巾箱五經，巾箱五經自此始也。〔註17〕

《南史》卷二十二《王儉傳》載：

> 何承天禮論三百卷，儉抄為八帙，又別抄條目為十三卷。朝儀舊典，晉、宋來施行故事，撰次諳憶，無遺漏者。所以當朝理事，斷決如流。每博議引證，先儒罕有其例，八坐丞郎，無能異者。令史諮事，賓客滿席，儉應接銓序，傍無留滯。〔註18〕

《梁書》卷三十三《王筠傳》載：

> 幼年讀《五經》，皆七八十遍。愛《左氏春秋》，吟諷常為口實，廣略去取，凡三過五抄。餘經及《周官》、《儀禮》、《國語》、《爾雅》、《山海經》、《本草》並再抄。子史諸集皆一遍。未嘗倩人假手，並躬自抄錄，大小百餘卷。不足傳之好事，蓋以備遺忘而已。」〔註19〕

以上文獻所載即是南北朝時代，古人抄撮、抄撰經書的故事，有些抄撮、抄撰沒有形成新的著作，但是有些抄撮、抄撰變成了我們後來所見到的經鈔類典籍。

章學誠《校讎通義》言：「鈔書始於葛稚川。然其體未雜，後人易識別也。唐後史家，無專門別識，鈔撮前人史籍，不能自擅名家；故《宋志》藝文史部，創為史鈔一條，亦不得已也。嗣後學術，日趨苟簡，無論治經業史，皆有簡約鈔撮之工；其始不過便一時之記憶，初非有意留青；後乃父子授受，師弟傳習，流別既廣，巧法滋多；其書既不能悉界丙丁；惟有強編甲乙；弊

〔註16〕《南齊書》卷五十四《高逸傳》，北京：中華書局，1972年，第943頁。
〔註17〕《南史》卷四十一《齊宗室·衡陽王鈞傳》，北京：中華書局，1975年，第1038頁。
〔註18〕《南史》卷二十二《王儉傳》，北京：中華書局，1975年，第595頁。
〔註19〕《梁書》卷三十三《王筠傳》，北京：中華書局，1973年，第486頁。

至近日流傳之殘本《說郛》而極矣。」〔註20〕黃侃先生《文心雕龍劄記‧事類第三十八》言：「淺見者臨文而躊躇，博聞者裕之於平素，天資不充，益以強記，強記不足，助以抄撮，自《呂覽》《淮南》之書，《虞初》百家之說，要皆探取往書，以資博識。後世《類苑》《書抄》，則輸資於文士，效用於諛聞，以我搜輯之勤，祛人翻檢之劇，此類書所以日眾。」〔註21〕章學誠、黃侃二先生認為，人的記憶力是有限的，為了博聞強記，就需要把難於記憶的知識按類編排，抄撮在一起，以便隨時翻閱，加深記憶。總之，抄撮、抄撰之風在中國文化史上的發展是綿綿不絕的，其影響是巨大的，他不僅僅是類書類與史鈔類著作之母體，應該還是眾多的「經鈔」「子鈔」「集鈔」之母體。〔註22〕

可是，經鈔類文獻一直都沒有像史鈔類文獻、類書類文獻一樣，得到一個獨立的地位，但是漢魏六朝以來，抄撮經部典籍而成的各類經鈔類典籍還是存在的，當我們去諸圖書目錄查閱時，還能發現他們的身影，並且敦煌藏經洞文獻匯總出土了一類文書，就是被命名為《新集文詞九經鈔》。

二、經鈔類文獻的流

《新集文詞九經鈔》是敦煌藏經洞保存下來的寶貴的唐人通俗讀物之一，是一部輯錄九經三史中文辭嘉句以有助於進德修身的蒙訓讀物，其所援引之聖賢粹語，均一一列舉出書名或者人名，刪簡繁文，排比而成。《新集文詞九經鈔》廣泛流行於敦煌地區，留存下來的寫卷數量是比較大而全的，目前所知就有 21 個卷號。在敦煌寫卷中，P.2612《文詞教林》卷上並序，無論從性質、內容與形式而言，均與《新集文詞九經鈔》相似，同是「鳩書摘義，刪簡繁文、通闡內外，援引古今」的書抄性類書，故研究者往往將兩者並列研究。〔註23〕

最早對《新集文詞九經鈔》進行關注的是王重民先生，《敦煌古籍敘錄》

〔註20〕〔清〕章學誠著，葉瑛校注：《文史通義校注》附《校讎通義》卷一《宗劉第二》，北京：中華書局，1985 年，第 958 頁。

〔註21〕黃侃：《文心雕龍箚記‧事類第三十八》，上海：上海古籍出版社，2000 年，第 188 頁。

〔註22〕劉全波：《魏晉南北朝時期的抄撮、抄撰之風》，《山西師大學報（社科版）》2011 年第 1 期，第 70～73 頁；劉全波：《魏晉南北朝類書編纂研究》，北京：民族出版社，2018 年，第 37 頁。

〔註23〕鄭阿財：《敦煌寫卷〈新集文詞九經抄〉研究》，臺北：文史哲出版社，1989 年。

中敘錄曰:「雜輯九經諸子中佳言粹語,頗有助於修身,蓋在《開蒙要訓》之上,為入德之門也。卷內劉通、劉會之言,《九諫》《要訣》之書,與古經史並引,而其人不見於正史,其書亦未見著錄,則並當時社會上通行之童蒙書也。」〔註 24〕鄭阿財先生對《新集文詞九經鈔》用功甚多,其研究成果有《敦煌寫本〈新集文詞九經鈔〉研究》、〔註 25〕《敦煌寫卷〈新集文詞九經鈔〉校錄》、〔註 26〕《敦煌寫卷〈新集文詞九經鈔〉研究》〔註 27〕以及《敦煌蒙書研究》。〔註 28〕鄭阿財對英、法藏《新集文詞九經鈔》寫捲進行了全面的梳理與研究,他認為《新集文詞九經鈔》就其體制而言,是「群書纂義」之通俗類書;論其編纂動機與內容功能,乃為「訓俗安邦,號名家教」的通俗蒙書;究其援引典籍的特徵,則又具有「羅含內外」、「通闡內外」三教融合的善書性格。《新集文詞九經鈔》的重現,不僅為現存唐代典籍增添一部通俗讀物,更重要的是這一類的通俗讀物在整個民間通俗讀物的發展歷程上,有著承上啟下的重要意義。而且,《新集文詞九經鈔》援引的典籍至為豐富,雖然以儒家經典為主,但也有後世亡佚的著作和散佚的文章,因此,可用他來輯佚和考訂古籍。另外,鄭阿財還認為《新集文詞九經鈔》不僅是研究唐代民間教育的重要資料,更可作為研究敦煌通俗文學的重要參考資料。

　　1995 年,李丹禾先生撰《敦煌殘新集文詞九經鈔初探》,對《新集文詞九經鈔》寫卷做了初步的研究。〔註 29〕但是,這些研究主要是對英藏、法藏敦煌文獻中《新集文詞九經鈔》寫卷的研究,雖然鄭阿財在其論著中提到了俄藏敦煌文獻中的《新集文詞九經鈔》寫卷,但是對俄藏文獻的研究卻仍然不

〔註 24〕王重民原編、黃永武新編:《敦煌古籍敘錄新編》第 11 冊,臺北:新文豐出版公司,1986 年,第 106 頁。

〔註 25〕鄭阿財:《敦煌寫本〈新集文詞九經抄〉研究》,《漢學研究》1992 年第 4 期;此據鄭阿財、顏廷亮、伏俊連:《中國敦煌學百年文庫·文學卷(四)》,蘭州:甘肅文化出版社,1999 年,第 251～269 頁。

〔註 26〕鄭阿財:《敦煌寫卷〈新集文詞九經抄〉校錄》,《敦煌學》第 12 輯,1987 年,第 109～125 頁。

〔註 27〕鄭阿財:《敦煌寫卷〈新集文詞九經抄〉研究》,臺北:文史哲出版社,1989 年。

〔註 28〕鄭阿財、朱鳳玉:《敦煌蒙書研究》,蘭州:甘肅教育出版社,2002 年,第 287～314 頁。

〔註 29〕李丹禾:《敦煌殘〈新集文詞九經抄〉初探》,《古文獻研究》1995 年第 2 期,第 166～179 頁。

盡如人意。鑒於此，鄭炳林、徐曉麗先生對《俄藏敦煌文獻》中的《新集文詞九經鈔》寫捲進行了詳細的調查與研究，撰《俄藏敦煌文獻〈新集文詞九經鈔〉寫本綴合與研究》一文，首先訂正了《俄藏敦煌文獻》中六個被誤定成《百行章》的《新集文詞九經鈔》殘卷的名稱，並把所知的《俄藏敦煌文獻》中八號殘卷綴合，證實了此八號寫卷是同一卷《新集文詞九經鈔》分裂所致，且與英藏、法藏本不能互為淵源底本，而俄藏本要比英、法藏寫本精準。最後，通過對寫本題記及「新集」現象的分析研究，作者認為寫本當出自張氏歸義軍初期的敦煌文士之手，是晚唐五代寺院學校廣泛流行的教學用書。〔註30〕2003 年，日本學者伊藤美重子作《敦煌の通俗類書〈新集文詞九經抄〉について：〈老子〉、〈莊子〉の引用例の檢討》一文，對《新集文詞九經鈔》引用《老子》、《莊子》的情況進行了分類研究，道教類文獻的大量引用展現了敦煌地區教育教學中三教融合的新特徵。〔註31〕

由於敦煌文獻的特殊性，這批經鈔類文獻首先受到了敦煌學界的關注與研究，但是對於敦煌文獻中為何會保存有一批這樣的經鈔類文獻，經鈔類文獻的源流等問題，卻一直沒有引起學術界的關注，筆者早年即曾關注過《新集文詞九經鈔》，但是限於學養，亦未能深入探究，而隨著認識的加深，頓感有必要對這類文獻的源流做一個考察。細查史料，諸文獻中還保留了不少關於經鈔類文獻的材料，這是我們認知他們的基礎。

鄭樵《通志二十略‧藝文略第一》中載：「《九經鈔》二卷。《九經要鈔》一卷。」〔註32〕鄭樵《通志》中的《九經鈔》《九經要鈔》，是我們目前所見到的，傳世典籍記載中的最典型的經鈔類文獻，應該是敦煌文獻《新集文詞九經鈔》的源頭，可惜的是，他們沒有著錄作者，我們也就不能知道他們的編纂時代。

我們再來分析《通志》中，載有《九經鈔》《九經要鈔》的「經解類」文獻群體，其中雖然有部分典籍沒有說明他們亦是《九經鈔》《九經要鈔》之同類，但是我們仍然可以見到他們有相同屬性的特點，尤其是《五經要略》《經

〔註30〕鄭炳林、徐曉麗：《俄藏敦煌文獻〈新集文詞九經抄〉寫本綴合與研究》，《蘭州大學學報（社會科學版）》，2002 年第 3 期，第 9〜19 頁。

〔註31〕伊藤美重子：《敦煌の通俗類書〈新集文詞九經抄〉について：〈老子〉〈庄子〉の引用例の檢討》，《お茶の水女子大学人文科学紀要》57，2003 年。

〔註32〕〔宋〕鄭樵撰，王樹民點校：《通志二十略‧藝文略第一》，北京：中華書局，1995 年，第 1485 頁。

傳要略》《五經要旨》《敍元要抄》四部。也就是說，在「經解類」文獻中，58部著作中至少有6部是我們認為的經鈔類文獻。

《五經要略》。顏真卿。

《經傳要略》十卷。高重。

《五經要旨》五十卷。齊唐。

《敍元要抄》一卷。

右經解五十八部七百四十四卷。〔註33〕

我們按照《通志》的記載，我們去《隋書·經籍志》中找尋那些被經常忽略的經鈔類文獻。《隋書》卷三十二《經籍一》載：

《喪服義鈔》三卷。梁有《喪服經傳隱義》一卷，亡。

《喪服要記》一卷。王肅注。

《喪服要記》一卷。蜀丞相蔣琬撰。梁有《喪服變除圖》五卷，吳齊王傳射慈撰，亡。

《喪服要集》二卷。晉征南將軍杜預撰。又有《喪服要記》二卷，晉侍中劉逵撰，亡。

《喪服要略》一卷。晉太學博士環濟撰。

《喪服要略》二卷。

《喪服制要》一卷。徐氏撰。〔註34〕

《喪禮鈔》三卷。王隆伯撰。〔註35〕

《禮記要鈔》十卷。緱氏撰。梁有禮義四卷，魏侍中鄭小同撰；《摭遺別記》一卷，樓幼瑜撰，亡。〔註36〕

《禮論鈔》二十卷。庾蔚之撰。

《禮論要鈔》十卷。王儉撰。梁三卷。

《禮論要鈔》一百卷。賀瑒撰。

《禮論鈔》六十九卷。

《禮論要鈔》十卷。梁有齊御史中丞荀萬秋《鈔略》二卷；尚

〔註33〕〔宋〕鄭樵撰，王樹民點校：《通志二十略·藝文略第一》，北京：中華書局，1995年，第1485頁。

〔註34〕《隋書》卷三十二《經籍一》，北京：中華書局，2019年，第1041頁。

〔註35〕《隋書》卷三十二《經籍一》，北京：中華書局，2019年，第1042頁。

〔註36〕《隋書》卷三十二《經籍一》，北京：中華書局，2019年，第1043頁。

書儀曹郎丘季彬論五十八卷，議一百三十卷，統六卷。亡。〔註37〕

《琴操鈔》二卷。

《琴操鈔》一卷。〔註38〕

《篆韻鈔》十卷。〔註39〕

《日本國見在書目錄詳考》亦記載了部分經鈔類文獻：

《尚書疏抄》七卷。

《周官禮抄》二卷。

《禮記抄》一卷。鄭氏注。

《喪服要略》一卷。冷然院。

《家語抄》一卷。〔註40〕

《舊唐書》卷四十六《經籍上》載：

《尚書要略》二卷。李顒撰。〔註41〕

《禮記要鈔》六卷。猴氏撰。

《禮論抄》六十六卷。任預撰。

《禮論抄》二十卷。庾蔚之撰。

《禮雜抄略》二卷。苟萬秋撰。

《禮論要抄》十三卷。

《禮論抄略》十三卷。〔註42〕

《春秋左氏抄》十卷。〔註43〕

《新唐書》卷六十三《藝文一》載：

《猴氏要鈔》六卷。

《禮論鈔》六十六卷。

《禮論鈔》二十卷。

苟萬秋《禮雜鈔略》二卷。

〔註37〕《隋書》卷三十二《經籍一》，北京：中華書局，2019 年，第 1044 頁。

〔註38〕《隋書》卷三十二《經籍一》，北京：中華書局，2019 年，第 1047 頁。

〔註39〕《隋書》卷三十二《經籍一》，北京：中華書局，2019 年，第 1066 頁。

〔註40〕孫猛：《日本國見在書目錄詳考》，上海：上海古籍出版社，2015 年，第 4～6 頁。

〔註41〕《舊唐書》卷四十六《經籍上》，北京：中華書局，1975 年，第 1970 頁。

〔註42〕《舊唐書》卷四十六《經籍上》，北京：中華書局，1975 年，第 1973～1975 頁。

〔註43〕《舊唐書》卷四十六《經籍上》，北京：中華書局，1975 年，第 1977 頁。

賀瑒《禮論要鈔》一百卷。

《禮論要鈔》十三卷。

《禮論鈔略》十三卷。〔註44〕

《左氏鈔》十卷。〔註45〕

但是縱觀《隋書》《日本國見在書目錄》《舊唐書》與《新唐書》所載之經鈔類文獻，明顯與我們前面所描述的經鈔類文獻還是有些距離的，所謂的經鈔類文獻，應該是對經部典籍的匯合抄撮，如《九經抄》，但是縱觀諸目錄所載之經鈔類文獻，皆是對單獨一部經典的抄撮、抄撰，故此類典籍雖然是抄撮、抄撰之風氣深入影響下的典籍，但是部分典籍還沒有成為像《通志》所記載的《九經鈔》等文獻一樣，變成鮮明的經鈔類典籍，甚至是形成一個獨具特色的小群體。但是抄撰合一的模式，已經在經部典籍中大量的流傳起來，且應用非常的廣泛。當然我們也可以由此認為經鈔類典籍有兩個發展方向，其一就是針對某一種經典進行抄撮、抄撰而形成的專門性的經鈔類典籍，其二就是針對群經進行抄撮、抄撰的綜合性經鈔類典籍。但是由於專門性的經鈔類典籍多是從屬於本經，故在圖書目錄乃至圖書分類中，此類文獻多沒有獨立的地位，但是隨著綜合性經鈔類文獻的出現，問題變得複雜，這些不屬於一經的經鈔類文獻的歸類就成為問題，而此類文獻多被置於「經解類」中。

《舊唐書》經部有十二個二級類目：

甲部經錄，十二家，五百七十五部，六千二百四十一卷。

易類一，書類二，詩類三，禮類四，樂類五，春秋類六，孝經類七，論語類八，讖緯類九，經解類十，詁訓類十一，小學類十二。〔註46〕

《新唐書》經部有十一個二級類目：

甲部經錄，其類十一：一曰易類，二曰書類，三曰詩類，四曰禮類，五曰樂類，六曰春秋類，七曰孝經類，八曰論語類，九曰讖緯類，十曰經解類，十一曰小學類。凡著錄四百四十家，五百九十七部，六千一百四十五卷。不著錄一百一十七家，三千三

〔註44〕《新唐書》卷六十三《藝文一》，北京：中華書局，1975年，第1432頁。

〔註45〕《新唐書》卷六十三《藝文一》，北京：中華書局，1975年，第1440頁。

〔註46〕《舊唐書》卷四十六《經籍上》，北京：中華書局，1975年，第1966頁。

百六十卷。〔註47〕

《宋史》經部有十個二級類目：

> 經類十：一曰易類，二曰書類，三曰詩類，四曰禮類，五曰樂
> 類，六曰春秋類，七曰孝經類，八曰論語類，九曰經解類，十曰小
> 學類。〔註48〕

誠然，如《九經鈔》之類的綜合性的經鈔類文獻，多被置於「經解類」文獻
之中，如上文《通志》一樣，而我們去這些子目下面去找尋一些具有經鈔類
性質的典籍時，往往能找到部分典籍。

《新唐書》卷六十三《藝文一》載：

> 張鎰《五經微旨》十四卷。
> 高重《經傳要略》十卷。
> 右經解類十九家，二十六部，三百八十一卷。〔註49〕

《宋史》卷二百二《藝文一》載：

> 《九經要略》一卷。
> 《敘元要略》一卷。〔註50〕
> 右經解類五十八部，七百五十三卷。〔註51〕

按照上文的目錄，我們可以得到一些淺顯的認知。第一，《隋書》所記載的專
門性經鈔類文獻數量最多，這反映了南北朝時代專門性經鈔文獻的繁榮與發
展，而《舊唐書》《新唐書》所載專門性經鈔類文獻明顯變少，可見此類典籍
在唐代的狀況。第二，《隋書》《舊唐書》尚未有綜合性經鈔類文獻的出現，
而《新唐書》《通志》《宋史》中出現了綜合性的經鈔類典籍，可見綜合性經
鈔類文獻的出現是較晚的，且數量一直沒有得到大的突破，但是他們藏身於
「經解類」文獻之中，卻是有些特殊性的，他們被有意的置於臨近的位置中，
又可見其共性。

後世典籍中對經鈔類文獻的記載很少，只能找到有限的幾條資料。明代
的王惟儉與熊明遇皆有經鈔類典籍傳世，但是清初朱彝尊卻說這兩部書皆未
曾見到。

〔註47〕《新唐書》卷六十三《藝文一》，北京：中華書局，1975 年，第 1423 頁。
〔註48〕《宋史》卷二百二《藝文一》，北京：中華書局，1985 年，第 5034 頁。
〔註49〕《新唐書》卷六十三《藝文一》，北京：中華書局，1975 年，第 1446 頁。
〔註50〕《宋史》卷二百二《藝文一》，北京：中華書局，1985 年，第 5071 頁。
〔註51〕《宋史》卷二百二《藝文一》，北京：中華書局，1985 年，第 5072 頁。

黃虞稷撰《千頃堂書目》卷三載：

> 王惟儉《經抄》六卷。
>
> 熊明遇《五經約》。〔註52〕

朱彝尊撰《經義考》卷二百五十載：

> 王氏惟儉《經抄》六卷。未見。熊氏明遇《五經約》。未見。
>
> 俞汝言曰：明遇號檀石，進賢人，萬曆辛丑進士，累官兵部尚
> 書。〔註53〕

經抄類文獻的發展並沒有像其他抄撮、抄撰之作，如史鈔、類書一樣，獲得較大的發展，而是很快的衰落了下來，又是什麼原因？

宋王溥撰《唐會要》卷七十五《選部下》載：

> 帖經條例。
>
> 永隆二年八月敕，如聞明經射策，不讀正經，抄撮義條，纔有數卷。進士不尋史籍，唯誦文策，銓綜藝能，遂無優劣。自今已後，明經每經帖十得六已上者，進士試雜文兩首識文律者，然後令試策其書算。舉人亦準此例，即為例程。〔註54〕

宋敏求編《唐大詔令集》卷一百六《政事貢舉》載：

> 條流明經進士詔。
>
> 學者立身之本，文者經國之資，豈可假以虛名？必須徵其實效。如聞明經射策，不讀正經，抄撮義條，才有所解。進士不尋史傳，惟讀舊策，共相模擬，本無實才。所司考試之日，曾不揀練，因循舊例，以分數為限，至於不辨章句，未涉文詞者，以人數未充，皆聽及第。其中亦有明經，學業該深者，唯許通六經，進士文理華贍者，意無甲科，銓綜藝能，遂無優劣。試官又加顏面，或容假手，更相屬請，莫憚糾繩，由是僥倖路開，文儒漸廢，興廉舉孝，因此失人，簡能任賢，無方可致。自今以後考功試人，明經每經摘試籤十帖得六以上者，進士試雜文兩首合文律者，然後並令試策，日仍嚴加捉搦，必才藝灼然，合升高第者，並即依令。其明法並書算貢

〔註52〕〔清〕黃虞稷撰：《千頃堂書目》卷三，北京：中華書局，1985年，第頁。

〔註53〕〔清〕朱彝尊撰：《經義考》卷二百五十，北京：中華書局，1998年，第頁。

〔註54〕〔宋〕王溥撰：《唐會要》卷七十五《選部下》，北京：中華書局，1955年，第1375～1376頁。

舉人，亦量準此例，即為恒式。永隆二年八月。〔註55〕

王欽若等撰《冊府元龜》卷六百三十九《貢舉部總序》載：

> 永隆二年八月，詔曰：「學者立身之本，文者經國之資，豈可假以虛名，必須徵其實效。如聞明經射策，不讀正經，抄撮義條，纔有數卷。進士不尋史傳，惟誦舊策，共相模擬，本無實才。所司考試之日，曾不簡練，因循舊例，以分數為限，至於不辨章句，未涉文者，以人數未充，皆聽及第，其中亦有明經學業該深者，惟許通六；進士文理華贍者，竟無甲科，銓綜藝能，遂無優劣。試官又加顏面，或容假手，更相囑請，莫憚糾繩。緣是僥倖路開，文儒漸廢，興廉舉孝，因此失人；簡賢任能，無方可致，自今已後，考功試人，明經試帖，取十帖得六已上者；進士試雜文兩首，識文律者，然後並令試策，仍嚴加捉搦，必材藝灼然，合升高第者，並即依令。
>
> 其明法並書算貢舉人，亦量準此例，即為例程。〔註56〕

永隆是唐高宗李治的年號，永隆二年是 681 年，唐高宗李治在此年中下達了一個詔令，即禁止明經射策，不讀正經，抄撮義條之舉，而對經部典籍的抄撮、抄撰之作「經鈔類」文獻必然會最先受到打擊，這種綜合性的經鈔類文獻，更會被認為是科舉的舞弊徇私之作，絕對會被嚴厲打擊，這應該就是諸經鈔類文獻沒有得到大發展的重要原因。很顯然，如同焚書坑儒一樣，也不是所有的文獻都遭到了滅頂之災，也不是所有的經鈔類文獻都被禁止，顏真卿亦有《五經要略》，其內容難道和經鈔類文獻差距極大？但是，此類經鈔類文獻必然是會受到衝擊，甚至成為有識之士最先討伐的對象，唐代永隆之後，此類經鈔類文獻的科舉功能必然會被削減乃至摘除，因為科舉中使用此類典籍是會受到懲罰的，但是此類典籍的作用也不是一無是處的，不能用作科舉之書，用作童蒙之書還是可以的，故我們在敦煌文獻中還能見到《新集文詞九經抄》寫卷，且數量不少。

三、結語

我們針對經鈔類文獻的考察，不是為了給經鈔類文獻找到一個合適的目

〔註55〕〔宋〕宋敏求編：《唐大詔令集》卷一百六《政事貢舉》，北京：商務印書館，1959 年，第 549 頁。

〔註56〕〔宋〕王欽若等撰，周勳初等校訂：《冊府元龜》卷六百三十九《貢舉部總序》，南京：鳳凰出版社，2006 年，第 7389 頁。

錄學位置，甚至是給他們一個獨立的二級類目地位，我們的主要關注點是，曾經有這樣一批文獻大量的湧現，尤其是在南北朝隋唐時代，後來他們又銷聲匿跡，淹沒在滾滾歷史潮流中，我們的主要目的就是重新發現他們的存在，並探索他們的價值意義，以更加深入的瞭解認知這類文獻。隨著抄撮、抄撰風氣的大肆發展，經鈔類文獻與史鈔類文獻、類書類文獻一樣，迅速發展了起來，且聲勢浩大，大量的出現並被記載到了《隋書・經籍志》之中，這類經鈔類文獻至少可以分為兩個大類，一類是專門性經鈔類文獻，一類是綜合性經鈔類文獻，專門性經鈔文獻，主要針對一種經典進行抄撮、抄撰，綜合性經鈔則針對群經展開抄撮、抄撰，在圖書編目、文獻分類時，專門性經鈔多依附本經，而綜合經經鈔則進入「經解類」，由於綜合性經鈔類文獻的數量是不夠大的，所以綜合性經鈔類文獻只能依附「經解類」之中，但是他們與經典「經解類」文獻是多有不同的。隨著科舉考試的實行，綜合性經鈔文獻最先受到衝擊，主要原因就是讀書人的抄撮義條不讀正經之舉，唐高宗永隆二年詔令的下達，使得經鈔類文獻沒有了上升空間，即使顏真卿這樣的人編纂的《五經要略》也只能失傳，更何況其他《九經鈔》《九經要鈔》之類的典籍，而敦煌文獻中保存下來的《新集文詞九經抄》則是我們認知此類文獻的滄海遺珠。

從出土文獻看漢代《詩經》流傳及《詩》學家派問題

趙爭

　　摘要：以《詩》本事及《詩》旨無法斷定馬王堆漢墓帛書《五行》所引《燕燕》以及尹灣漢簡《神烏賦》所引《青蠅》的《詩》學家派；據用字情形無法斷定阜陽漢簡《詩經》及《神烏賦》所引《青蠅》的《詩》學家派。四家《詩》概念框架並不能涵蓋漢代《詩經》流傳及《詩》學流變的整體生態，漢代《詩經》流傳及《詩》學流變呈現出一種官方與民間、統一與分化並行的雙軌制狀態，有必要重新思考四家《詩》概念框架的有效性及適用邊界問題。

　　關鍵詞：出土文獻；《詩》學家派；標準與方法；適用邊界；反思

　　作者簡介：趙爭，歷史學博士，上海大學歷史系講師。

　　近世新出文獻多有與《詩》學研究有關者，除安大簡《詩經》、阜陽漢簡《詩經》及敦煌《詩經》殘卷為較單純之《詩經》傳本外，其餘均為稱說《詩》篇或稱引《詩》文，如甘肅武威漢簡《儀禮》、馬王堆帛書、東漢《碩人》銅鏡、尹灣漢簡《神烏賦》、郭店竹簡、上博物簡及清華簡相關材料。以上出土涉《詩》文獻依材料年代大致可分作五組：第一組為郭店簡、上博簡、清華簡涉《詩》材料及安大簡《詩經》，三者皆為戰國時文獻；第二組為馬王堆帛書與阜陽漢簡《詩經》，二者皆為漢代前期之物，其中帛書某些篇的抄寫年代可能要早至秦漢之交而早於阜陽《詩經》；第三組為尹灣漢簡《神烏賦》與武威漢簡《儀禮》，二者皆當屬西漢末年，前者略早；第四組為《碩人》詩銘銅

鏡，當為東漢末年之物；第五組為敦煌卷子，多為六朝、隋唐之物。

戰國《詩經》的文本情形較為複雜，除了用字歧異情況較為嚴重外，不同的《詩》本在篇章次序、《詩》句內容等方面也存在差別。〔註1〕漢初的《詩經》流傳無疑是這種趨勢的延續，並且漢初《詩經》流傳基於不同地域逐漸形成了不同的《詩》學傳派，其中齊、魯、韓三種《詩》學傳派在西漢文、景時陸續被立為官學，從而形成了漢代三家《詩》的家派格局，再加之民間傳習的毛《詩》，這便是所謂的漢代四家《詩》的《詩》學家派格局。其中，齊、魯、韓三家《詩》於宋之前先後亡廢，宋人對三家《詩》的輯佚復原工作首先致意，經有清一代學人的努力，三家《詩》似面目可觀。四家《詩》仍是學界討論兩漢甚至其後歷史時期《詩》學家派問題的基本概念框架，且對於出土文獻論者也多依四家《詩》的框架展開討論。然無論傳世文獻還是出土文獻，其中的涉《詩》材料多有溢出四家《詩》之外的情形，雖已有論者注意及此，〔註2〕而相關問題尚未引起應有的重視。這不僅關涉《詩》學家派及《詩經》流傳問題，更關係到如何看待出土材料的價值與作用，以及如何對待新出材料與舊有概念等問題。因此，本文欲以幾種主要的漢代出土涉《詩》文獻為中心，討論漢代《詩》學家派相關問題。不當之處還祈方家正之。

一、《詩》本事與《詩》學家派問題芻議

（一）《燕燕》本事與馬王堆漢墓帛書《五行》引《詩》家派問題辨正

有關馬王堆漢墓帛書《五行》引《詩》問題學界已有不少討論，然以《詩》

〔註1〕有關戰國《詩經》文本及流傳問題略可參葛立斌《從戰國至漢代〈詩經〉文本的改變》（《社科縱橫》2009年第10期）及《淆亂歧出：從出土文獻看戰國〈詩〉本流傳》（《理論月刊》2012年第5期）；另，有關郭店楚簡引《詩》以及上博簡《孔子詩論》所反映的《詩經》文本問題學界多有討論，不煩詳列。最新的安大簡《詩經》也反映出獨特的《詩》本信息，對此可參徐在國：《安徽大學藏戰國竹簡〈詩經〉詩序與異文》，《文物》2017年第9期。
〔註2〕略如黃宏信：《阜陽漢簡〈詩經〉異文研究》，《江漢考古》，1989年第1期；許廷桂：《阜陽漢簡〈詩經〉校讀箚記》，《重慶師院學報（哲學社會科學版）》1987年第3期；梁振傑：《從〈長沙馬王堆漢墓帛書·五行〉所引〈詩經〉異文看先秦至漢的〈詩經〉傳播》，《焦作師範高等專科學校學報》，2003年第3期；馬榮江：《「元王詩」考索》，《東南文化》，2009年第6期；劉毓慶、郭萬金：《從文學到經學——先秦兩漢詩經學史論》，上海：華東師範大學出版社，2009年，第192～200頁。

學家派視野觀照帛書《五行》引《詩》的研究似不多見。目前依用字情形無疑難於推斷帛書《五行》引《詩》的家派，〔註3〕故而有研究者從《燕燕》詩本事入手討論相關問題，〔註4〕頗有啟發，然亦尚有可議之處。

帛書《五行》稱引《燕燕》有兩處，現抄錄如下：

A 【嬰】嬰（燕燕）於蜚（飛），駐（差）沱（池）其羽。之子于歸，袁（遠）送於野。瞻望弗及，汲（泣）沸〈涕〉如雨。能駐（差）沱（池）其羽，然後能至哀。君子慎亓（其）獨也。〔註5〕

B 嬰嬰（燕燕）於罪（飛），駐（差）貤（池）亓（其）羽。嬰嬰（燕燕），與〈興〉也，言亓（其）相送海也。方亓（其）化，不在亓（其）羽矣。之子于歸，袁（遠）送於野。詹（瞻）忘（望）弗及，泣涕如雨。能駐（差）貤（池）亓（其）羽，然後能至哀，言至也。駐（差）貤（池）者，言不在唯（衰）経也。不在唯（衰）経，然後能至哀。夫喪，正経脩（修）領而哀殺矣，言至內者不在外也。……〔註6〕

以上內容 A 和內容 B 分別屬於《五行》的「經」與「說」部分，後者顯是對前者的進一步說解。帛書《五行》稱引《燕燕》，重點在於「差池其羽」與「至哀」的關聯，這種說解顯較為費解，故其後「說」的內容對此作了解釋，以「至哀」不在於「衰経」這種外在形式來解說「差池其羽」，此處「差池」之意無疑當以朱熹《詩集傳》的「不齊之貌」較為妥帖。〔註7〕可見，帛書《五行》對《燕燕》的說解實較為樸素，主要著眼於燕飛時羽毛差池不齊的樣貌以論「至哀」之情與喪服這種外在形式之間的關係。

再來看《燕燕》之本事。《毛詩·小序》謂《燕燕》為「衛莊姜送歸妾也」，鄭箋謂「莊姜無子，陳女戴嬀生子名完，莊姜以為己子。莊公薨，完立而州吁殺之，戴嬀於是大歸。莊姜遠送之於野，作詩以見己志」，且謂「差池其羽」

〔註3〕對此可參梁振傑：《從〈長沙馬王堆漢墓帛書‧五行〉所引〈詩經〉異文看先秦至漢的〈詩經〉傳播》，《焦作師範高等專科學校學報》，2003 年第 3 期。

〔註4〕袁慶述：《帛書〈五行〉所引〈燕燕〉詩為〈魯〉〈齊〉詩考》，《中國文學研究》，2000 年第 1 期。下文或簡稱「袁文」。

〔註5〕裘錫圭主編：《長沙馬王堆漢墓簡帛集成‧第四冊》，北京：中華書局，2014 年，第 58 頁。

〔註6〕《長沙馬王堆漢墓簡帛集成‧第四冊》，第 71～72 頁。

〔註7〕《長沙馬王堆漢墓簡帛集成‧第四冊》，第 73 頁注 14。

為「舒張其尾翼」，並謂這是「興戴媯將歸，顧視其衣服」。〔註8〕《列女傳》云：「衛姑定姜者，衛定公夫人，公子之母也。公子既娶而死，其婦無子，畢三年之喪，定姜歸其婦，自送至於野。恩愛哀思，悲心感慟，立而望之，揮泣垂涕，乃賦詩曰：『燕燕于飛，差池其羽。之子于歸，遠送于野。瞻望弗及，泣涕如雨。』送去歸，泣而望之，又作詩曰：『先君之思，以畜寡人』」；〔註9〕《焦氏易林》《恒之坤》有「燕雀衰老，悲鳴入海。憂不在鄉，差池其羽。頡頏上下，在位獨處」句，《萃之賁》有「泣涕長訣，我心不快。遠送衛野，歸寧無子」句。〔註10〕袁慶述認為帛書《五行》對《燕燕》的說解對應《列女傳》的《燕燕》本事，〔註11〕並認為內容 A 之前帛書《五行》說解《曹風‧鳲鳩》的內容為讚揚定姜之媳在夫死後「能為一」，帛書內容 A 和內容 B 讚揚定姜之媳為其夫服喪，情深意重，並沒有過分追求喪服之規整，內心卻達到了「至哀」的境界。然而實際上，帛書《五行》之所以據《曹風‧鳲鳩》說解「能為一」，在於鳲鳩養育後代一視同仁，以「一心養七子」，帛書《五行》的說解與《毛詩》、《說苑》、《列女傳》等並無二致，〔註12〕這與《列女傳》所述《燕燕》「定姜」本事實則無甚關聯。再者，有關《燕燕》本事，《列女傳》所述主人公為定姜與其子媳，謂定姜歸其婦「恩愛哀思，悲心感慟，立而望之，揮泣垂涕」，且此時定姜子媳已畢三年之喪，因此《列女傳》所述《燕燕》本事與帛書《五行》所論至哀之情與喪服是否齊整之意也無甚關聯，從前者無法推知後者的內容；《焦氏易林》所化用《燕燕》文句也只是抒敘悲憂哀傷而無涉喪服，與帛書《五行》所論也不可互推。也就是說，從《詩‧燕燕》本事來看，帛書《五行》所論實際上與《列女傳》、《焦氏易林》所述無甚關聯，其間也不可相互推知。

〔註8〕《十三經注疏》整理委員會：《十三經注疏‧毛詩正義》，北京：北京大學出版社，2000 年，第 142～143 頁。

〔註9〕《毛詩‧燕燕》「先君之思，以勖寡人」，《列女傳》及《禮記‧坊記》所引作「先君之思，以畜寡人」，此句《禮記》鄭注謂「此衛公定姜之詩也。定姜無子，立庶子衎，是為獻公。畜，孝也。獻公無禮於定姜，定姜作詩，言獻公當思先君定公以孝於寡人」，即《禮記》鄭注對此句解說同於《列女傳》。

〔註10〕焦延壽：《焦氏易林》，影印文淵閣四庫全書第 808 冊，臺北：臺灣商務印書館影印，1986 年，第 353，387 頁。

〔註11〕有關《燕燕》與「慎獨」的關係還可參晁福林：《〈詩‧燕燕〉與儒家「慎獨」思想考析》，《浙江學刊》2004 年第 1 期。晁先生文以《毛傳》《燕燕》本事解讀帛書《五行》，這也說明帛書《五行》《燕燕》亦可以《毛詩》本事作解。

〔註12〕參《長沙馬王堆漢墓簡帛集成‧第四冊》，第 72 頁注 5。

此外，更當深究的問題在於《列女傳》及《易林》所屬的《詩》學家派。首先來看《列女傳》。袁文通過梳理劉向家世譜系，斷定劉向所習為《魯詩》。然楚元王好《詩》且有號「《元王詩》」者，〔註13〕何以斷定劉向不習《元王詩》？實際上，兩漢傳《詩》並非全然嚴守師法、家法。兩漢各《詩》派有數家之學，從學者別自名家無疑是對師法的改動和發展；又有不專守家學者，典型如薛氏家族薛廣德治《魯詩》，五世至薛漢，漢及其子皆治《韓詩》，以章句名；又漢代經學多「所問非一師」者，〔註14〕此博學之風至東漢遂成四家《詩》會通融合之勢，著名者如賈逵、鄭玄等。事實上，兩漢師法、家法及漢儒對此的態度均是「有彈性的」，〔註15〕有重視的一面，也有不重視的一面。兩漢《詩》學家派中的師法、家法情形並非如清儒所視的「各守家法，持之勿失，寧固而不肯少變」。〔註16〕正因為清儒的認識與漢儒《詩》學家派的實際情形並不相合，從而導致了清儒在判定漢儒《詩》學家派歸屬時多生齟齬，如對於劉向《詩》學家派，王先謙以為《魯詩》，而王引之、馬瑞辰認為屬《韓詩》，王端履、全祖望則認為劉向出入三家《詩》；對於《焦氏易林》《詩》學家派的判定同樣如此，尚秉和以為《韓詩》，吳闓生認為出入三家《詩》；對於鄭玄《禮注》，有斷為齊者，有斷為韓者，也有認為出入魯齊或三家《詩》者。〔註17〕也就是說，對於《詩》學家派的判定本為仁智之見，並不底定、劃一，因此，《列女傳》與《易林》《燕燕》詩本事的家派難於遽定。另，袁文認為《焦氏易林》所涉《燕燕》本事不屬《毛詩》而同於《列

〔註13〕見《漢書‧楚元王傳》：「元王好《詩》，諸子皆讀《詩》，申公始為《詩》傳，號《魯詩》。元王亦次之《詩》傳，號曰《元王詩》，世或有之。」班固：《漢書》，北京：中華書局，1962 年，第 1922 頁。

〔註14〕參趙茂林：《三家〈詩〉的傳承及其師法、家法問題》，《甘肅社會科學》2004年第 6 期。另，劉立志《漢代〈詩經〉學史論》第 137～138 頁表格專列東漢習《詩》並兼通幾經的情形。

〔註15〕徐復觀：《中國經學史基礎》，臺北：學生書局，1982 年，第 96 頁。

〔註16〕陳壽祺撰，陳喬樅述：《續修四庫全書‧三家詩遺說考》，上海：上海古籍出版社，1995 年，第 324 頁。

〔註17〕對於劉向及《易林》《詩》學家派的意見綜合了劉立志：《漢代〈詩經〉學史論》，北京：中華書局，2007 年，第 153～154 頁列表與房瑞麗：《清代學者三家〈詩〉研究之師法、家法考》，《商丘師範學院學報》2015 年第 2 期所列表格。需要指出的是，《禮記》所引《燕燕》文句鄭注所論與《列女傳》相同，均以之為定姜之事，然則袁文分別將《禮記》鄭注與《列女傳》定為《齊詩》與《魯詩》，這恰說明以《詩》本事判定《詩》學家派的做法不可據，以師法、家法推定《詩》學家派的做法不可據。

女傳》及《禮記·坊記》鄭注，然細讀相關內容可知，《焦氏易林》是據《燕燕》字面意思進行敘述，將《焦氏易林》內容對應於《毛詩》《燕燕》本事實際上亦無不通。

以上所論以四家《詩》框架來討論帛書《五行》所引《燕燕》的家派問題，可以發現目前的相關討論遠非完備圓融。然而更當進一步思考者在於，四家《詩》框架究竟是否適用於帛書《五行》引《詩》家派問題的討論。因為帛書《五行》的年代下限為文帝初元十二年（前 168 年），從其字體風格及避諱情形可推知其當抄於漢高祖之世，[註18] 再考慮到郭店簡、上博簡中均有《五行》相關內容，因此帛書《五行》的內容來源無疑更早；而申公《詩》傳成於前 187 年，[註19] 被文帝召為博士當在前 180 年至前 178 年之間，[註20] 因此，抄於高祖時期的帛書《五行》如何能以「魯詩」這一出於其後的《詩》學家派來討論？景帝時申公歸魯閉門教授數年之後，齊人轅固才為清河王太傅，燕人韓嬰才為常山太傅；[註21]《毛詩》傳授統緒不甚明晰，且愈後愈明，然毛公孝景時被河間獻王立為博士當可信，而河間獻王之立在景帝初。[註22] 同理，帛書《五行》引《詩》如何會屬於出於其後的「齊詩」、「韓詩」、「毛詩」這些《詩》學家派？這種矛盾情形出現的原因當在於，相關研究者已經全然習慣了四家《詩》的概念框架，並下意識地以之涵蓋兩漢《詩經》流傳及《詩》學傳派的所有情形。以四家《詩》概念框架來解釋和討論相關問題自有其合理性，然而這並不意味著這一解釋框架可以全然涵蓋兩漢《詩經》流傳及《詩》學演變的所有情形。實際上，漢代《詩經》流傳及《詩》學情形無疑是四家《詩》概念框架所不能完全涵蓋的。見於傳世文獻者如陸賈，其於高祖前稱說《書》、《詩》，[註23] 其時申公還未至長安學於浮丘伯，晚於「魯詩」的其他二家《詩》派的成立年代更晚，故陸賈《詩》學及其所據《詩經》文本無疑不屬四家中的任何一家；再如賈誼，文帝初立時拜為博士，其時誼歲二十餘，賈誼十八歲即以能

[註18]《長沙馬王堆漢墓簡帛集成·第四冊》，第 1 頁。
[註19] 劉汝霖：《漢晉學術編年》，上海：華東師範大學出版社，2010 年，第 27 頁。
[註20] 前 180 年文帝即位，前 178 年申公博士免官之楚，據《漢晉學術編年》，第 29 頁。
[註21] 劉汝霖：《漢晉學術編年》，第 54 頁、55 頁。
[註22] 劉汝霖：《漢晉學術編年》，第 48 頁。
[註23] 見《史記·酈生陸賈列傳》：「陸生時時前說稱詩書……高帝不懌而有慚色」。司馬遷：《史記》，北京：中華書局，2011 年，2361～2362 頁

誦《詩》、《書》稱於洛陽，〔註24〕故其所學之《詩》似也難以四家《詩》來指認；再如與《魯詩》並稱的「元王詩」，也是四家之外的《詩》學傳派。

（二）《青蠅》詩旨與尹灣漢簡《神鳥賦》引《詩》家派問題辨正

尹灣漢簡《神鳥賦》1993 年出土於江蘇連雲港市東海縣尹灣村 6 號漢墓，據同墓簡牘紀年信息可知墓葬年代下限為西漢成帝元延三年（公元前 10 年）。《神鳥賦》全文 664 字，是一篇大致完整的漢代故事賦，主要內容講述雌、雄二鳥築巢而遇盜鳥偷竊，雌鳥與盜鳥搏鬥負傷，為不累及雄鳥投地墜亡的故事。雌鳥死前求雄鳥棄己獨活時，引《詩·小雅·青蠅》詩句勸誡雄鳥尋得伴侶後，好好撫育後代，毋聽信後母讒言。其引《詩經》文句作「云云青蠅，止於杆。幾自君子，毋信儴言」，今傳《毛詩·小雅·青蠅》作「營營青蠅，止于樊。豈弟君子，無信讒言」。

對於尹灣漢簡《神鳥賦》所引《青蠅》家派，有論者指出，雌鳥引《詩》之前云：「疾行去矣，更索賢婦。毋聽後母，愁苦孤子」，意在告誡雄鳥若新娶妻妾後，不要讓婦人以讒言破家，虐待孤子，並據王先謙論《焦氏易林》為《齊詩》從而斷定《神鳥賦》所引《青蠅》為《齊詩》。〔註25〕對於《焦氏易林》的《詩》學家派，上文已指出清人存有不同的認定方案，並討論了清人據師法、家法判定《詩》學家派這一思路所存疏漏，此不贅述。不僅《焦氏易林》的《詩》學家派無法遽定，其所論《青蠅》主旨也並非《易林》所專有。王先謙據《易林·豫之困》「青蠅集藩，君子信讒。害賢傷忠，患生婦人」句判定「《齊詩》為幽王信褒姒之讒言而害忠賢也」，〔註26〕《毛序》謂《青蠅》為「大夫刺幽王也」。相較之下，《毛序》未明言「刺幽王」的內容及原因，所論詩旨較為簡略，然而結合《青蠅》詩句中「無信讒言」及對「讒人」的負面論述，則無疑指向幽王寵幸褒姒信其讒言之事，因為先秦兩漢有關幽王寵幸褒姒而至亡國之事流傳甚廣，〔註27〕已然成為某種無需多言的公

〔註24〕見《史記·屈原賈生列傳》：「賈生名誼，雒陽人也。年十八。能誦詩屬書聞於郡中」。司馬遷：《史記》，北京：中華書局，2011 年，2192 頁。

〔註25〕王思豪：《〈神鳥傳（賦）〉用經、子文謏論》，《東南文化》2009 年第 4 期。本文所涉王文均據此，恕不煩注。

〔註26〕王先謙：《詩三家義集疏》，北京：中華書局，1987 年，第 781 頁。

〔註27〕略如許維遹：《呂氏春秋集釋》，北京：中華書局，2009 年，第 607 頁；司馬遷：《史記·周本紀》，北京：中華書局，1982 年，第 149 頁；劉向：《古列女傳·孽嬖傳》，北京：中華書局，1985 年，第 193 頁。

共知識，這其實是《毛序》並不詳論《青蠅》詩旨的原因吧。也就是說，有關《青蠅》詩旨，《焦氏易林》與《毛序》並無實質差異，無非詳略不同而已。實際上，對於《青蠅》詩旨，清人即有類似看法，如馮登府便認為《青蠅》詩旨三家皆同。〔註 28〕綜上所論，從詩旨上看，目前所論不同《詩》學家派對《青蠅》的解說並無實質性差別，再考慮到有關不同《詩》學家派判定思路及標準上存在的問題，以《詩》旨或《詩》本事推定《詩》本家派的做法尚需更為全面及細緻的討論。

二、《詩經》異文與《詩》學家派問題芻議

（一）阜陽漢簡《詩經》及其《詩》學家派問題

阜陽漢簡《詩經》1977 年出土於安徽阜陽雙古堆一號漢墓，墓主當為西漢第二代汝陰侯，墓葬下限為漢文帝十五年（公元前 165 年）。該墓早年經盜掘，簡牘散亂扭結，經整理略得《詩經》殘簡 170 餘條。經與今本《毛詩》對照，知有《國風》、《小雅》二種，風詩存留 65 首，分屬除《檜風》外的十四國風，《小雅》僅存《鹿鳴之什》四首之殘句。阜陽漢簡《詩經》是目前所能見到的年代最早的《詩經》文本，其當為某種抄寫本，其底本當為某種較為成型的《詩》本。〔註 29〕

對於阜陽漢簡《詩經》的家派性質，胡平生、韓自強據其用字與現有四家《詩》的異同，判定其為四家以外的傳本。〔註 30〕這也是在判定《詩經》傳派時一種較為常見的做法，然而這種方法實可討論。目前的出土文獻證據顯示，無論是戰國還是漢初，從用字角度來看，出土的《詩》本之間以及出土文獻與傳世的各家《詩》本之間均存在相當程度的差異，在漢初很長一段時間內，不存在一部在用字上具有定本意義的《詩經》文本。首先，揆諸情理，漢初傳《詩》或以私藏或以諷誦，「其始書之也，倉卒無其字，或以音類比方假借為之，趣於近之而已」，加之《詩》文授受者，「非一邦之人，人用

〔註28〕馮登府著，方瑞麗校注：《三家詩遺說》，上海：華東師範大學出版社，2010年，第 94～95 頁。

〔註29〕有關阜陽漢簡《詩經》的底本形態可參趙爭：《兩漢〈詩經〉流傳問題略論——以阜陽漢簡〈詩經〉為中心》，《大連理工大學學報（社會科學版）》，2013年第 4 期。

〔註30〕胡平生、韓自強《阜陽漢簡詩經研究》，上海：上海古籍出版社，1988 年，第 28～31 頁。

其鄉，同言異字，同字異言，於茲遂生矣」，〔註31〕漢初《詩》本異文轉歧並非僅發生於不同《詩經》傳本之間，即便同一《詩》家傳派，其授受轉寫，亦當用字歧出，此為異；學於同一《詩》家，人用其鄉致異文歧出，另有地域相近甚或同鄉之人，音聲相近而學於不同之《詩》家，其寫錄不同家派《詩經》傳本當有類同，此為同。故以情理推之，四家《詩》傳本用字實堪膠葛，「同一家詩說文字未必相同，不同師法文字未必相異」。〔註32〕

　　再驗諸實際：相同家派《詩經》文本用字不同，甚至同一《詩經》文本前後用字也不一致。同一家派《詩經》異文如《韓詩外傳》第一卷第四章引《鄘風·相鼠》「人而無儀，不死何為」之「儀」，第七章作「禮」，〔註33〕第十七章引《周南·汝墳》「雖則如炟」之「炟」又有作「燬」者，〔註34〕第二卷第五章引「如切如瑳，如錯如磨」之「瑳」有作「磋」者，「如錯如磨」有作「如磨如錯」者，亦有作「如琢如磨」者。〔註35〕如《詩三家義集疏》列《說苑·修文》引《詩》作「豈弟君子」，《說苑·政理》引《詩》「愷悌君子」。〔註36〕再如《青蠅》「止于樊」，《文選·陸機〈塘上行〉》注引《毛詩》作「止於邱藩」；〔註37〕六朝《毛詩》傳本異文情形查考敦煌卷子《毛詩》文本即可見其情狀。同一《詩經》文本用字不一致的情形，如《毛詩》本身即多有用字不統一的情形，《大雅·行葦》「四鍭既鈞，舍矢既均」之「鈞」與「均」、《鄘風·蝃蝀》「崇朝其雨」之「崇朝」《小雅·采綠》作「終朝」；〔註38〕這種情形在出土文獻中頗為常見，阜陽漢簡《詩經》中的虛詞「矣」和「誒」、「其」和「亓」、「嗟」和「誖」、「無」和「毋」同時使用，〔註39〕馬王堆漢

〔註31〕陸德明引鄭玄語，見《經典釋文·敘錄》，北京：中華書局，1983 年，第 2 頁。

〔註32〕虞萬里《上博館藏楚竹書〈緇衣〉綜合研究》，武漢：武漢大學出版社，2009 年，第 346～347 頁。

〔註33〕許維遹：《韓詩外傳集釋》，北京：中華書局，1980 年，第四章引《詩》見第 6 頁、第七章引《詩》見第 8 頁。

〔註34〕許維遹：《韓詩外傳集釋》，北京：中華書局，1980 年，第 17 頁。

〔註35〕許維遹：《韓詩外傳集釋》，北京：中華書局，1980 年，第 37 頁。

〔註36〕王先謙：《詩三家義集疏》，北京：中華書局，1987 年，第 848、904 頁。

〔註37〕袁梅：《詩經異文匯考辯證》，濟南：齊魯書社，2013 年，第 583 頁。

〔註38〕劉立志：《漢代〈詩經〉學史論》，北京：中華書局，2007 年，第 154～155 頁。

〔註39〕胡平生、韓自強：《阜陽漢簡詩經研究》，上海：上海古籍出版社，1988 年，第 26 頁。

墓帛書《五行》中引相同《詩》句而用字不同，郭店楚簡《緇衣》引《詩》「其」「亓」共用，《大雅・抑》「白圭之玷」、「斯言之玷」郭店楚簡《緇衣》作「白圭之石」、「此言之砧」。〔註40〕因此，以用字情形來判定《詩》學家派的做法似不可行。

（二）尹灣漢簡《神烏賦》引《詩》異文及其《詩》學家派問題辨正

對於尹灣漢簡《神烏賦》稱引《詩經》所屬家派，王思豪據《神烏賦》引《詩》用字情形推定其當為《齊詩》。王文認為《神烏賦》引《詩》之「杆」當釋為「𤍛」，即「樊」，《漢書・司馬相如傳》用「𤍛」，故此字屬《齊詩》用字，故《神烏賦》引《詩》為《齊詩》。細繹之下，王文論證略有可商之處。

首先從字形上看，《神烏賦》此字作 ▉，顯應隸定為「杆」或「杅」，〔註41〕從字形上無疑不能釋為「𤍛」。其次，班固所習是否為《齊詩》尚無法論定，王文據馬國翰、唐晏、陳喬樅、王先謙意見，以班固家學淵源推論班固所習為《齊詩》。然以家學淵源判定學者《詩》學家派的做法不夠嚴謹，「世守經業未必子孫相傳，祖孫、父子之學難免有異，……班伯治《齊詩》，而其從孫班固所著《漢書・地理志》引《詩》，顏師古注或援《韓詩》以為參證」。〔註42〕實際上，對於班固所習《詩》派的認定尚存分歧，或以之為《魯詩》，或以之出入三家《詩》。〔註43〕再次，王先謙《詩三家義集疏》據《易林》所引認為《齊詩》當作「止於藩」，〔註44〕並非如王文所論作「𤍛」或「樊」，故此王文論證班固習《齊詩》時徵引王先謙意見，然對於王先謙所列的《齊詩》字例反未提及。

〔註40〕劉釗：《郭店楚簡校釋》，福州：福建人民出版社，2005 年，第 50 頁。

〔註41〕此字為韻腳，釋為「杆」，與「樊」、「言」同屬元部，然其字形又近於「杅」，可視作「杆」的形近誤字，對此裘錫圭先生已指明，見《裘錫圭學術文集・第二卷》，上海：復旦大學出版社，2012 年，第 265 頁注 45。

〔註42〕劉立志：《漢代〈詩經〉學史論》，北京：中華書局，2007 年，第 157 頁。劉氏所謂「顏師古注或援《韓詩》以為參證」指《漢書・地理志》「鬱夷，《詩》『周道鬱夷』」，顏注：「《小雅・四牡》之詩曰『四牡騑騑，周道倭遲』。《韓詩》作鬱夷字……」，見班固：《漢書》，北京：中華書局，1962 年，第 1548 頁注 4。

〔註43〕綜合參看劉立志：《漢代〈詩經〉學史論》，北京：中華書局，2007 年，第 154 頁所列表格與房瑞麗：《清代學者三家〈詩〉研究之師法、家法考》，《商丘師範學院學報》2015 年第 2 期一文所列表格。

〔註44〕王先謙：《詩三家義集疏》，北京：中華書局，1987 年，第 781 頁。

　　王文論證《神烏賦》引《詩》為《齊詩》的第二則論據為「幾自君子」中「幾自」的釋讀。王文據王先謙《詩三家義集疏》中有關「豈弟」三家《詩》的用字情形，判定《齊詩》「豈弟」作「凱弟」，接著又指出《齊詩》之「凱弟」當寫作「豈弟」，而《神烏賦》所引《青蠅》「幾自」之「幾」為「豈」之省寫，而「自」與「弟」音近可通，故《神烏賦》的「幾自」當出自《齊詩》。王文據《說文》段注「幾與豈同」、「幾行而豈廢」，推論《神烏賦》「幾」為「豈」的省寫，或可成立，然據此推論《齊詩》「凱弟」作「豈弟」實際上便毫無理據了。實際上，《說文》段注的說法或也不甚確切，「豈」的省體作「幾」，「豈」因音近借作「幾」。〔註45〕再則，王文據王先謙《詩三家義集疏》認為《毛詩》之「豈弟」，韓、魯作「愷悌」，齊作「凱弟」。然而從《詩三家義集疏》對《大雅‧泂酌》〔註46〕、《大雅‧旱麓》有關「豈弟」三家《詩》用字情形的討論中可以發現，其中情況較為複雜：其一，《詩三家義集疏》在《大雅‧旱麓》最後一章「豈弟，求福不回」條下論列《說苑‧修文》引該條《詩》文寫法同《毛詩》，〔註47〕而在《大雅‧泂酌》篇指出《說苑‧政理》引作「愷悌」；〔註48〕二是《詩三家義集疏》在討論《大雅‧泂酌》「豈弟」三家《詩》用字情形時，論列了《齊詩》「又作本」的情形。〔註49〕故依《詩三家義集疏》的材料，則《毛詩》「豈弟」，《魯詩》或同《毛詩》，或作「愷悌」，《齊詩》作「凱弟」，又作「愷悌」及「愷弟」。如此一來，有關「豈弟」的三家《詩》用字情形的判定標準本身便生齟齬，王文對此並未論及。其實，這一矛盾情形在王文之前討論「止于樊」的家派歸屬時就已遇到，〔註50〕王文的處理均是揀選其中便利者而不論其他。

　　其實，《詩三家義集疏》中這種三家《詩》用字異同繆轕的例證多有。鑒於這種情形，若依《詩三家義集疏》的字例材料，則同一《詩》派用字不一

〔註45〕詳參程燕：《詩經異文輯考》，合肥：安徽大學出版社，2010 年，第 321～322頁。

〔註46〕《泂酌》王文作「洞酌」，或出手民之誤。

〔註47〕王先謙：《詩三家義集疏》，北京：中華書局，1987 年，第 848 頁。

〔註48〕王先謙：《詩三家義集疏》，北京：中華書局，1987 年，第 904 頁。

〔註49〕《釋文》：「凱，本又作愷。弟，本又作悌。」《大戴禮‧衛將軍文子篇》引作「愷悌」，《漢書‧刑法志》引作「愷弟」，皆《齊詩》「又作」本。王先謙：《詩三家義集疏》，北京：中華書局，1987 年，第 904 頁。

〔註50〕《詩三家義集疏》據《焦氏易林》所引推論《齊詩》「樊」作「藩」；據《論衡‧商蟲篇》及《史記‧滑稽列傳》所引判定《魯詩》作「藩」亦作「蕃」。王先謙：《詩三家義集疏》，北京：中華書局，1987 年，第 781 頁。

定相同，不同《詩》派用字不一定相異。如此一來，標準本身尚不確定，據以判定其他《詩》句的《詩》學家派則無疑會面臨較大風險。

三、討論及結論

　　以上例證及相關討論說明，以現存四家《詩》材料作標準來判定《詩經》家派歸屬時還存在不少問題，這對我們認識現存四家《詩》材料的性質、來源及甄選方法無疑有所助益。然而除了這一具體論題之外，還當追問者在於，四家《詩》概念框架對於討論漢代《詩經》流傳問題的有效性及適用邊界問題，換句話說，就是四家《詩》概念框架是否可以涵蓋漢代《詩經》流傳的所有情形。

　　正如上文所論，漢代《詩經》流傳無疑是四家《詩》概念框架所不能完全涵蓋的。相關研究中四家之外的《詩經》流傳線索被遮蔽的原因，怕是在於有關論者早已習慣了史遷、班固所建構的漢代《詩經》流傳圖景。當然，四家之外的《詩經》流傳線索晦而不顯，會否真是由於相關《詩經》文本確實未獲流傳所致呢？對此，僅舉一例便可窺一斑：《神烏賦》引《青蠅》之「幾自君子」，其「幾」字寫法不同於傳世文獻而與上博藏戰國楚簡的寫法一致。〔註51〕這無疑反映了某種隱而不明的《詩經》流傳線索。《神烏賦》年代下限為西漢成帝元延三年，此時三家《詩》立學官及石渠閣會議召開均已有年，鑒於此，《神烏賦》引《詩》的異文情形提醒我們當進一步思考官方《詩》學家派的實際影響。比《神烏賦》稍晚、抄於新莽時代的武威漢簡《儀禮》中的引《詩》同樣異文多有，〔註52〕再如東漢末《碩人》銘鏡時代在熹平石經刊刻之後僅二十餘年，〔註53〕其所刻《詩》文同樣多為異文，這些情形均促使我們思考官方《詩》學家派的實際影響。

　　通盤考察戰國秦漢出土的涉《詩》材料，我們很容易發現這一時期《詩經》流傳在用字方面的自由狀態，這其實是戰國、漢初《詩經》文本的普遍情形。原本作為地域性《詩》傳流派的《齊詩》、《魯詩》、《韓詩》，先後被納入官方意識形態而形成三種《詩》學家派，通過召開石渠、白虎會議、頒刻

〔註51〕參程燕：《詩經異文輯考》，合肥：安徽大學出版社，2010 年，第 321 頁。

〔註52〕武威漢簡《儀禮》年代參張煥君、刁小龍：《武威漢簡〈儀禮〉整理與研究·序》，武漢：武漢大學出版社，2009 年，第 3 頁。

〔註53〕有關《碩人》銘鏡的年底參陸錫興：《〈詩經〉異文研究》，北京：中國社會科學出版社，第 110～125 頁。

石經等形式，政治權力對《詩》學傳派進行統整，〔註 54〕這對於《詩經》原本「自由」的流傳狀態而言，無疑是一種全新的流傳機制，由此，《詩經》流傳大體上形成了一種官方與民間、統一與分化並行的雙軌制狀態。〔註 55〕

由上可知，漢代官方《詩》學家派遠未完全統整漢代《詩經》流傳及《詩》學生態。有鑑於此，在討論漢代《詩經》流傳及相關學術史問題時，至少有必要區分官方與民間二種範疇，對於如尹灣漢簡《神烏賦》這種民間文學創作以及《碩人》銘鏡這種民間日用之物，其引《詩》或不宜用官方的四家《詩》框架來討論。〔註 56〕

本文通過對馬王堆帛書《五行》所引《燕燕》、阜陽漢簡《詩經》以及尹灣漢簡《神烏賦》引《詩》的討論，指出目前有關《詩》學家派問題的研究中存在的疏失。這其中除相關研究者自身研究思路及方法所引發的問題外，更大程度上是由於用作判定《詩》學家派的材料及標準本身的問題。

清人對於三家《詩》的輯佚及考證工作為後世提供了極大便利，然由於膠固師法、家法觀念及對《詩》學家派的認定角度不同，清人有關漢儒三家《詩》的家派劃分方案並不一致，如此，則無法完全以之作為判定相關材料《詩》學家派的標準。三家《詩》的家派劃分方案直接影響到對有關涉《詩》材料的用字及詩旨的家派認定，這影響了相關方法的有效性。當然，除了清人有關漢儒三家《詩》家派劃分的主觀原因外，漢代《詩經》流傳與《詩》學流變的實際情形也決定了《詩經》用字及詩旨無法作為判定《詩》學家派的依據：首先，《詩經》異文並不必然意味著不同的《詩》傳家派，同一家派

〔註 54〕當然，漢代知識與政治的關係並非後者統整前者這麼簡單，有關漢代知識與政治及意識形態的關係略可參王剛《學與政：漢代知識與政治互動關係之考察》（黑龍江人民出版社 2012 年）與林舜聰《儒學與漢帝國意識形態》（上海人民出版社 2016 年）相關論述。

〔註 55〕有關戰國晚期到秦漢間《詩經》流傳的分化與統一雙軌並行的討論見虞萬里：《上博館藏楚竹書〈緇衣〉綜合研究》，武漢：武漢大學出版社，2009 年，第350 頁。另，對漢代民間《詩經》流傳情形的討論參劉毓慶、郭萬金《從文學到經學——先秦兩漢詩經學史》，上海：華東師範大學出版社，2009 年，第192～200 頁。

〔註 56〕學界對《碩人》鏡銘《詩》學家派的不同判斷，恰啟發我們應當對四家《詩》概念框架本身的有效性進行反思。其實論者在判定《碩人》鏡銘的《詩》學家派時已更多藉重鑄鏡時代的《詩》學背景而少據用字情形立論了（如孫黎生：《再談武漢博物館藏「詩經銘文重列式神獸鏡」》，《武漢文博》2014 年第1 期），這其實已經發映出學界對相關方法所進行的思考，只是這種思考還應更進一步，反思既有《詩》學概念框架本身的適用邊界問題。

的《詩》本用字不同，甚至同一《詩經》文本前後用字也不一致；其次，對於相同《詩》篇，不同家派的說解（包括《詩》之本事）並非全然有別，其間多有相近及一致者。不僅如此，漢代的《詩經》流傳與《詩》學流變政體上呈現出一種官方與民間、統一與分化並行的雙軌制狀態。因此，除了關注三家《詩》本身的材料及標準問題外，更應該思考的是四家《詩》概念框架對於討論漢代《詩經》流傳及《詩》學流變的有效性及適用邊界問題。

以上討論所涉及的判斷《詩》學家派的做法，一定程度上代表了學界在處理相關文獻與問題時的普遍方法，這其實關涉如何對待出土文獻與相關傳世文獻的原則及方法問題。從本文的討論來看，傳世文獻誠然為考察出土文獻提供了不可或缺的基礎和條件，然而一旦習慣了依靠基於傳世文獻的既成認識來審視出土文獻及相關問題，便易於遮蔽既有認識本身所存在的問題，從而喪失對既有材料及知識本身進行反思的契機。對於傳世文獻及基於其上的模型、解釋和結論而言，出土文獻的價值和作用首先並不在於對這些既有認識的印證和補充，出土文獻的重要意義在於促使我們對既成的認識進行檢驗和修正。

〔本文受國家社科基金重大項目「《詩經》與禮制研究」（16ZDA172）、國家社科基金青年項目「基於出土文獻的古書成書及古書體例研究」（2016ELS002）的資助〕

汪紱《六禮或問》與清代朱子《家禮》學

王獻松

　　摘要：汪紱《六禮或問》在繼承朱子《家禮》的基礎上，從「於冠、昏、喪、祭外增鄉射、士相見二禮」「使《家禮‧通禮》內容各從其類」「增訂《家禮》之儀節」「評價朱子《家禮》對古禮之刪改」「完善邱濬之禮圖」五個方面對朱子《家禮》有所發展，並通過對具體禮儀的闡述表明其「明禮意」的思想宗旨。汪紱雖未能將其學術理想實踐於現實生活，但他在《六禮或問》中體現的學術追求卻代表了清代朱子《家禮》學研究的新動向，它在清代禮學史上的學術價值值得重視。

　　關鍵詞：汪紱；《六禮或問》；朱熹；《家禮》；禮學

　　作者簡介：王獻松，歷史學博士，安徽大學徽學研究中心講師。

　　徽州一府六縣，自朱熹從祀文廟、成為鄉邦大賢之後，人文風俗愈益彬彬，尤以婺源、歙縣為最。婺源士人王友亮曾言：「婺源居萬山中，地僻田磽，遠遜他邑。然為宋朱文公故里，流風遺澤，沾溉無窮。士生其間，類能潛心於理域，肆力於經余，樂道安貧，不求仕進，近時江慎齋永、汪雙池紱兩先生最著。」〔註1〕江永、汪紱是清代中期徽州地區不求仕進、肆力著述的代表學者，本文即以汪紱《六禮或問》為研究對象，論述其學術成就以及在朱子《家禮》學術史上的地位。

一、汪紱及其《六禮或問》

　　汪紱（1692～1759），本名烜，字燦人，號雙池，徽州府婺源縣北鄉段莘

〔註1〕〔清〕王友亮：《雙佩齋文集》，《清代詩文集彙編》，上海古籍出版社 2010 年版，第 629 頁。

里（今屬江西省上饒市）人。汪紱自幼即因家庭貧困，未能從師學習，而由母親江太孺人親自教授，汪紱天生聰慧異常，十歲以前《四書》《五經》即已習熟，至二十歲時，江太孺人因得瘋疾而臥床數年，汪紱日夜侍奉於前，家境愈益貧困，經常食不果腹。其父汪士極未有功名，曾遊歷湘、楚、閩、越等地，後做幕客於南京，但基本上已與家人斷絕音訊。江太孺人去世後，汪紱往南京尋找父親，但汪士極卻因家貧不願歸鄉，並將汪紱趕回家去。汪紱因在家鄉無以自活，遂往江西謀生，漂泊於景德鎮、樂平、萬年、弋陽、上饒、永豐等地，甚至於露宿野廟，乞食為生。康熙五十六年（1717），汪紱自江西入福建，至浦城，館鄭氏；後又至長汀，寓曾可鳴家。次年，汪紱出閩入浙，止於楓溪（今浙江省江山市廿八都鎮），館沈氏、姜氏。自此以後的數十年間，汪紱基本上過著「每歲暮歸里，春赴館」的生活，著述授徒，學問大進。

康熙五十九年，汪士極去世，汪紱隨即往南京奔喪，但因無力奉歸改葬，僅迎精而返，以衣冠與江太孺人合葬。次年春，汪紱返回楓溪，將此前所作「未軌於道」的「時文數百篇、雜詩百餘首、雜文數十百首」〔註2〕焚毀，立志從事經學、朱子學研究，「研經則參考眾說，而一衷於朱子」。〔註3〕乾隆七年（1742），汪紱在族人苦勸之下，應試徽州府學，補縣學生員，即秀才身份，時年已五十一歲。汪紱隨後於乾隆九年、十二年、十八年，三次往南京參加鄉試，但皆未考中。乾隆二十年，汪紱又在門人餘元遜（字秀書，徽州婺源縣沱川人）的推薦下，坐館於休寧藍渡朱氏，直至乾隆二十四年去世。

汪紱一生勤於著述，在《六經》《四書》《孝經》以及理學等方面皆有成書，並旁涉天文、地輿、樂律、術數、兵法等。汪紱著述雖豐，但生前均未刊刻，死後由其弟子余元遜收藏，並請同邑董昌璵出資請人謄抄副本，以防散失，輯為《雙池先生遺書》，有《易經詮義》《書經詮義》《詩經詮義》《春秋集傳》《禮記章句》《禮記或問》《六禮或問》《樂經律呂通解》《樂經或問》《四書詮義》《孝經章句》《孝經或問》《理學逢源》《山海經存》《戊笈談兵》《讀〈近思錄〉》《讀〈讀書錄〉》《讀〈困知記〉》《讀〈問學錄〉》《參〈讀禮志疑〉》《讀〈陰符經〉》《讀〈參同契〉》《策略》《詩韻析》《物詮》《雙池文集》

〔註2〕〔清〕汪紱：《雙池文集》，《汪雙池先生叢書》第41冊，廣陵書社2016年版，第92頁。

〔註3〕〔清〕余龍光：《雙池先生年譜》，載《汪雙池先生叢書》第48冊，廣陵書社2016年版，第270頁。

《大風集》《儒先晤語》《立雪齋琴譜》《醫林纂要探源》等三十餘種。綜觀汪氏學術，可謂發纖穠於簡古，寄至味於淡泊，當塗夏炘《汪雙池先生年譜序》贊之曰：「昭代真能為朱子之學者，大儒三人焉：一為桐鄉楊園張先生，一為平湖陸清獻公，其一則婺源雙池汪先生也。……若雙池，則僻處山邑，人或不能道其姓氏，其隱晦視張先生殆尤過之，然著述之繼往開來，品誼之升堂入室，與張、陸兩先生蓋鼎立焉，無或遜也。」〔註4〕

作為一代經學家，禮學研究必占其學術之重要成分，在汪紱的等身著述中，其禮學專書就有《六禮或問》《禮記章句》《禮記或問》《參〈讀禮志疑〉》四部，其他著述中涉及禮學研究的內容也不在少數。其中《六禮或問》是汪紱禮學研究的第一部著作，也是汪紱在朱子學研究方面的第一部著作。

《禮記・王制》曰：「六禮：冠、昏、喪、祭、鄉、相見。」汪紱《禮記章句》注曰：「禮經有五，曰吉、凶、軍、嘉、賓。冠、昏、鄉、相見，皆嘉禮；喪，凶禮；祭，吉禮。獨言此六者，以其切於民用也。」〔註5〕《王制》又曰：「司徒修六禮以節民性。」孔穎達《正義》曰：「六禮謂冠一、昏二、喪三、祭四、鄉五、相見六。」〔註6〕《六禮或問》之所謂「六禮」，即「切於民用」的冠、昏、喪、祭、鄉射（包括鄉飲酒）、士相見六禮，它是汪紱在朱子《家禮》冠、昏、喪、祭四禮基礎上，增加鄉射、士相見二「鄉禮」〔註7〕，並設為問答，以發明禮意之作。汪紱《六禮或問序》曰：

> 紱竊以為，禮之為學，宰制群動，涵毓性情，既當執持其文，猶當深察其意。陳其儀而不知其意，一祝史之事耳，周旋度數，胥何當哉！用敢取朱子之書，參之《儀禮》，合宋、明諸儒所論異同之不一者，設為問答，以明禮意，期於揖讓周旋之末，而得先王立教之心，庶閱此者得以知禮教之本，而曉然於禮之所以不可不循。〔註8〕

《六禮或問》成書於雍正五年（1727），余元遴《汪先生行狀》載「《六禮或

〔註4〕見余龍光：《雙池先生年譜》，載《汪雙池先生叢書》第48冊，廣陵書社2016年版，第7頁。

〔註5〕〔清〕汪紱：《禮記章句》，《汪雙池先生叢書》第15冊，廣陵書社2016年版，第283頁。

〔註6〕〔唐〕孔穎達：《禮記正義》，北京大學出版社2000年版，第473頁。

〔註7〕朱子《儀禮經傳通解》列鄉射（含鄉飲酒）、士相見於「鄉禮」，汪紱於「家禮」之外增「鄉禮」為六禮。

〔註8〕〔清〕汪紱：《六禮或問》，《汪雙池先生叢書》第18冊，廣陵書社2016年版，第26～27頁。

問》六卷」，至光緒二十一年（1895）刊刻《六禮或問》時，則改為十二卷，其中卷一為冠禮，卷二為昏禮，卷三至卷六為喪禮，卷七至卷九為祭禮，卷十、卷十一為鄉射禮，卷十二為士相見禮，末尾又附《餘論》一卷，補論未盡之意。

《六禮或問》於每一禮之中，大致分為四個部分：（1）首列《禮記》中可以闡發該禮禮意之文（士相見禮無），即書前《發凡》首條所言：「《禮記·冠義》《昏義》《喪制》諸篇，實皆漢儒所以推明禮意，而為《儀禮》之傳者也。雖其純駁不一，而其要者實可見先王制作之精。蓋去周未遠，故老猶有師傳，非盡漢儒臆說也。絨故特錄其全文於篇首焉。」〔註9〕（2）次錄朱子《家禮》所載儀節，並據《儀禮》有所增補（鄉射、士相見二禮無《家禮》可錄，則本《儀禮》而參以聶豹《禮教儀節》），即《發凡》所言：「朱子《家禮》，遠祖《儀禮》，而近本《書儀》，乃酌古今之宜，而成一代之制者。故有《家禮》，則不復更錄《儀禮》，以其宜於今也。惟《儀禮》所有而《家禮》或從省便者，則每酌時勢而增入之。」〔註10〕（3）再次設為問答，以發明禮意，即《序》所謂「合宋、明諸儒所論異同之不一者，設為問答，以明禮意，期於揖讓周旋之末，而得先王立教之心」。（4）末尾則附與此禮相關之禮圖（士相見禮無），以便省覽。

二、汪紱《六禮或問》對朱子《家禮》的發展

汪紱《六禮或問》是在朱子《家禮》基礎上撰寫的，它對《家禮》的繼承非常明顯。在形式上，《六禮或問》卷首錄朱子《家禮序》和邱濬《文公家禮儀節序》二文於其自敘和《發凡》之前，體現的就是二者之間的繼承關係。在內容上，《六禮或問》主體內容中的冠、昏、喪、祭四禮，就是根據《家禮》而來，並在具體儀節方面錄《家禮》之文，各禮儀節名目也與《家禮》大同小異。

作為朱子學的傳承者，汪紱《六禮或問》對朱子《家禮》的發展也是顯而易見的。筆者主要從以下幾個方面展開，藉以具體闡釋《六禮或問》的禮學成就。

〔註9〕〔清〕汪紱：《六禮或問》，《汪雙池先生叢書》第18冊，廣陵書社2016年版，第35頁。

〔註10〕〔清〕汪紱：《六禮或問》，《汪雙池先生叢書》第18冊，廣陵書社2016年版，第35頁。

（一）於冠、昏、喪、祭外增鄉射、士相見二禮

汪紱於冠、昏、喪、祭四禮外，據《儀禮》及聶豹《禮教儀節》，增鄉射、士相見二禮而成「六禮」。鄉射禮內又包含鄉飲酒禮，汪紱曰：「全行之為鄉射禮，去射事為鄉飲酒禮。」〔註11〕又曰：「射必行鄉飲酒禮，鄉飲酒或不行射禮。」〔註12〕可見二者之關係。在汪紱看來，鄉射、士相見二禮與冠、昏、喪、祭四禮關係密切，《發凡》曰：「竊謂六禮之有鄉、相見，猶五倫之有朋友。雖後世久廢而不行，而揖讓進退之文，究不妨時為講貫，以由此而窺先王之意。且冠、昏、祭、享中皆有賓客之禮，與鄉、相見相為經緯，而安可不考也？」〔註13〕卷尾《餘論》亦曰：「冠禮，成人之始也；昏禮，似續之始也；喪禮，人道之終也；祭禮，報本反始也。冠，春也；昏，夏也；喪，秋也；祭，冬也。鄉、相見以經緯於其間，猶土之寄旺以成信也。舉六禮，而天地之序可見矣。」〔註14〕可見，汪紱以五倫、五行來比擬六禮，就是意在說明鄉、相見二「鄉禮」與冠、昏、喪、祭四「家禮」之間緊密的聯繫，從而闡明人倫道德與自然天性之間的經緯關係。

此外，汪紱又於鄉射禮後附錄投壺禮，認為：「射禮煩，而投壺禮簡。」〔註15〕邱濬《家禮儀節》改朱子《家禮·通禮》中《司馬氏居家雜儀》為《家禮雜儀》，列全書之末，並於此後據朱子所增損《呂氏鄉約》，增列《居鄉雜儀》一篇。今《六禮或問》於士相見禮後亦錄《居鄉雜儀》，並在邱濬基礎上有所斟酌改定，汪紱曰：「以上《居鄉雜儀》，朱子本於《呂氏鄉約》。《呂氏鄉約》有四，其一月『禮俗相交』，朱子分為四目，曰『尊卑輩行』，曰『造請拜揖』，曰『請召送迎』，曰『慶弔贈遺』。而邱氏有分為四條，為十四節，酌以俗儀，以便於行。但於中猶有牽俗而悖古者，茲復更為酌改，以附於六禮之末云。」〔註16〕

〔註11〕 〔清〕汪紱：《六禮或問》，《汪雙池先生叢書》第18冊，廣陵書社2016年版，第540頁。

〔註12〕 〔清〕汪紱：《六禮或問》，《汪雙池先生叢書》第18冊，廣陵書社2016年版，第540～541頁。

〔註13〕 〔清〕汪紱：《六禮或問》，《汪雙池先生叢書》第18冊，廣陵書社2016年版，第37頁。

〔註14〕 〔清〕汪紱：《六禮或問》，《汪雙池先生叢書》第18冊，廣陵書社2016年版，第615頁。

〔註15〕 〔清〕汪紱：《六禮或問》，《汪雙池先生叢書》第18冊，廣陵書社2016年版，第557頁。

〔註16〕 〔清〕汪紱：《六禮或問》，《汪雙池先生叢書》第18冊，廣陵書社2016年版，第613頁。

汪紱由《司馬氏居家雜儀》《呂氏鄉約》到《家禮》的禮儀文獻梳理，究以朱子禮學為依歸，故其《六禮或問》寄寓著深刻的思想與理論根源，深知「禮」的根本在於明人倫，彰道德，維護世道人心，希望通過恢復聖賢禮學來維護傳統理念與價值，進而展示自己「以禮經世」的經世取向。

（二）使《家禮‧通禮》內容各從其類

司馬光《書儀‧冠儀》末附《深衣制度》，《婚儀》末附《居家雜儀》，《喪儀》中祭禮內有關於「影堂」之論述。朱子《家禮》改編「影堂」內容為《祠堂》，合《深衣制度》《司馬氏居家雜儀》二篇，編為《通禮》一卷，置冠、昏、喪、祭四禮之前，認為《祠堂》《深衣制度》《司馬氏居家雜儀》「皆所謂有家日用之常禮，不可一日而不修者」〔註17〕，所以單獨列出，以作為士庶居家常禮；至邱濬《家禮儀節‧通禮》，則將《居家雜儀》主要內容改為《家禮雜儀》，列於全書末尾。汪紱承續歷代禮儀改革之大略，既以「六禮」名書，故於冠、昏、喪、祭、鄉射、士相見六禮外不便仍列「通禮」一目，故汪紱雖承用朱子改「影堂」為「祠堂」之名，但卻將《通禮》三篇重新改置於祭禮、冠禮、昏禮之中。《發凡》曰：「邱氏分祠堂、深衣二章，列於卷首，謂之通禮。茲復以《深衣》入冠禮之後，以《祠堂》合於祭禮，使之各從其類也。」〔註18〕此外，朱子《家禮‧通禮》所載為士庶居家常禮，而汪紱《六禮或問》內容已不僅限於此，所以也不便再列專載士庶居家常禮的「通禮」。

（三）增訂《家禮》之儀節

汪紱《六禮或問》在錄《家禮》所載儀節時，改變《家禮》原有的綱目體例，並對其內容有所增訂。《發凡》曰：「《儀禮》所有而《家禮》或從省便者，則每酌時勢而增入之。……朱子《家禮》，有綱有目，約《儀禮》於本注，以成行禮之節，而邱瓊山復衍本注以為《儀節》。今是書只作一片寫去，不分章注、不用《儀節》者，意欲使人便於口誦也。」〔註19〕《自敘》亦曰：

〔註17〕〔宋〕朱熹：《家禮》，《朱子全書》第 7 冊，上海古籍出版社 2002 年版，第 875 頁。

〔註18〕〔清〕汪紱：《六禮或問》，《汪雙池先生叢書》第 18 冊，廣陵書社 2016 年版，第 36 頁。

〔註19〕〔清〕汪紱：《六禮或問》，《汪雙池先生叢書》第 18 冊，廣陵書社 2016 年版，第 35～36 頁。

惟我文公朱子特起於宋，哀禮教之式微，病繁文之寡當，獨任世教，斟酌群書，祖述《儀禮》，參以司馬《書儀》，折衷古今之權，以成《家禮》一書。雖未能得君行政，以躋天下於三代之隆，而使後世之人，猶知有古禮之大閑，俾武、周微言，不致泯湮高閣。是則朱子之功蓋不在周公、孔子之下也。紱是以不避僭逾，於凡《家禮》之所省而《儀禮》所存者，輒為斟酌而增益之，非敢謂朱子之書尚未為盡善盡美，要亦微窺朱子之志，而欲探乎禮教之全。〔註20〕

如婚禮本有納采、問名、納吉、納徵、請期、親迎六禮之儀，《家禮》則僅有納采、納幣（即納徵）、親迎三禮，其「納幣」下注曰：「古禮有問名、納吉，今不能盡用，止用納采、納幣，以從簡便。」〔註21〕明邱濬《家禮儀節》有所增改，曰：「《家禮》略去問名、納吉、請期，止用納采、納幣、親迎，以從簡省。今擬以問名併入納采，而以納吉、請期併入納幣，以備六禮之目。然惟於書辭之間略及其名而已，其實無所增益也。」〔註22〕汪紱《六禮或問》則更進一步將納采、問名、納吉、納徵、請期、親迎六禮增補完整，並於「或問」中進行說明，其文曰：

問：「問名合於納采，古歟？」曰：「《儀禮》納采、問名，同使則合之，古也。」曰：「合之則何為六禮？」曰：「納采自我，名問之彼，事自異也。」〔註23〕

問：「《家禮》無納吉、請期，其為徑省歟？」曰：「聖王不作，禮樂崩壞，皆昏姻之廢禮也，匪朝伊夕矣。小民之家，幼而字婦，謂之童養；男子久鰥，反附女家，則曰贅婿。或野合而奔，或因喪而取，決閑踰禮，莫之天閑，百行隳壞，男女凶終，聖人雖作，而不得位，莫能挽也。有能納采、納幣而附遠厚別者乎？是亦可謂曰『知而砥夫狂瀾者矣』。朱子承《書儀》之節以為《家禮》，蓋不欲

〔註20〕〔清〕汪紱：《六禮或問》，《汪雙池先生叢書》第18冊，廣陵書社2016年版，第27～28頁。

〔註21〕〔宋〕朱熹：《家禮》，《朱子全書》第7冊，上海古籍出版社2002年版，第897頁。

〔註22〕〔明〕邱濬：《家禮儀節》，《四庫全書存目叢書》經部第114冊，第143頁。

〔註23〕〔清〕汪紱：《六禮或問》，《汪雙池先生叢書》第18冊，廣陵書社2016年版，第127頁。

以責備者阻人為禮之念也。《家禮》其徑省歟？而今之為《家禮》者復幾人哉？噫！此君子之所以痛心於末俗也。」曰：「然則納吉、請期其可已乎！可已而子補之，抑又何也？」曰：「其為味禮之士歟？引之以易行焉，能如是，是亦足矣，此君子之苦衷也。其或好禮之儒歟？由是而益進焉，必三代之隆以為至也，猶君子之深願也。合六禮而備之，寧謂非君子之志哉！魯人有朝祥而暮歌者，子路笑之。孔子曰：『由，爾責於人，終無已乎？』子路出，孔子曰：『又多乎哉，踰月則其善也。』」〔註24〕

朱子《家禮》乃撮取《儀禮》儀節而成，較古禮為簡便，意在勸人能通行此禮，達於和諧。但是，《家禮》在民眾層面上的實行並不理想，因經濟的貧困、文化的疏落，社會上還是存在童養媳、贅婿等不合乎婚禮的現象。可見，士庶能否實行婚禮並不只在儀節上的簡省便宜與否，而是他們已經逐漸忘記禮之儀節設置的深意。好禮之儒，縱六禮不為多；蔑禮之人，雖三禮亦難行。汪紱在婚禮一章重新完善六禮，就在於借助對婚禮儀節的介紹，來展示各個儀節背後所蘊含的禮意。

又如祭禮之中，汪紱也依據《儀禮》增訂《家禮》儀節，其內容相比《家禮》更加複雜，在實行方面難度更大，與朱子編纂《家禮》之意相違背。對於這一疑問，汪紱也作了回應，其文曰：

> 或問：「祭主於愛敬之誠而已，則《家禮》舊注及邱氏之《儀節》實簡易而可行也。今必依附於《儀禮》禮文之繁如此，得毋遺其本而務其末、緩於實而急於文乎？」曰：「不然。夫禮者，先王之至教也，因人情而制之，監二代而修之，夫豈徒以繁文強人之從事哉？要亦動容折旋無不有其深義也。行之而不著焉，習矣而不察焉，則繁文而無當耳。行其禮而察其情，習其文而思其義，則其於報本追遠、修身齊家之道，吾知其必於祭禮而得之也。子曰：『明乎郊社之禮、禘嘗之義，治國其如示諸掌乎？』」曰：「然則朱子非乎？」曰：「吾固曰『朱子為誘人之易行也』，著焉察焉，存乎其人，非文之過也。邱氏不察而一於簡便焉，則失之矣。」〔註25〕

〔註24〕〔清〕汪紱：《六禮或問》，《汪雙池先生叢書》第18冊，廣陵書社2016年版，第134～135頁。

〔註25〕〔清〕汪紱：《六禮或問》，《汪雙池先生叢書》第18冊，廣陵書社2016年版，第426～427頁。

由此可見，汪紱治學素以程朱理學為宗，屬於新安理學的正統傳承者，主張以「義理」闡發經義，同時也注重由經義考論以延伸儒學的化民成俗的功能。他認為先王並非僅僅以繁文縟節來強人所難，而是希望通過對儀節的實行，來體察禮意，緣情制禮，本末兼該，而不只是重視節文而忽略禮意。

（四）評價朱子《家禮》對古禮之刪改

在「或問」部分，汪紱時常評價朱子《家禮》對古禮之刪改。如汪紱於「冠禮」中論《家禮》無筮日、筮賓之由曰：

> 問：「古者筮日、筮賓，而《家禮》無其文，何也？」曰：「《家禮》當禮樂廢棄之餘，故多從簡便以誘人之能行，又以能筮者少故也。好古而有能筮者，從《儀禮》筮之可也。筮日之儀，於廟門之內，主人端服以臨，日三而枚筮之，得吉則止。筮賓亦如之。」〔註26〕

汪紱認為朱子《家禮》於冠禮中無筮日、筮賓的儀節，是因為當時擅長占筮的人少，為使人方便實行冠禮，才從簡行事。如果能有好古之人，根據《儀禮》的記載來實行冠禮，那是更好的。

汪紱又於「喪禮」中論《家禮》與《儀禮》掩面、結絞之時不同，曰：

> 問：「《家禮》小斂不掩面、結絞，俟入棺而後結之；溫公以為俟其復生。然《儀禮》有『卒斂徹幬』之文，予亦只從《儀禮》，溫公之說其無據乎？」曰：「《問喪篇》曰：『孝子匍匐而哭之，若將復生然，安可得奪而斂之也？三日而不生，故不生矣，孝子之心亦益衰矣，家室之計、衣服之具亦可以成矣，親戚之遠者亦可以至矣，故決斷以三日為之禮制也。』此亦漢儒說禮，揣揆孝子之心而云然者，溫公不掩面、結絞以俟其復生之說所由來也。然《儀禮》有質有殺，則自夫襲之時，固已掩面而什藏之矣，又安俟大斂而後掩面也？夫親死而亟死之，孝子不若是忍也；親死而必求生之，君子又不若是愚也。使肌膚未冷，而一日之內遽為襲之、斂之、殯而埋之，是豈不可為者？而孝子不忍若是其亟矣。是故始而襲之，翌日而小斂之，又翌日而後殯之，三月而後葬之，送親之漸也，抑亦俟室家之備、衣服之成、親戚之至，而不欲苟然以備事也。復生之願，竊

〔註26〕〔清〕汪紱：《六禮或問》，《汪雙池先生叢書》第18冊，廣陵書社2016年版，第55頁。

恐非先王之本意矣。《家禮》從省，襲無質殺，後又無小斂之文，故遂因《書儀》而未之改。然恐親卒於暄熱之日，而不深為什襲，將有潰爛腥穢而反以取惡於人者，不若掩之、結之之為愈也。絨固僭踰，從《儀禮》矣。」〔註27〕

《儀禮》的掩面、結絞在小斂時，而朱子《家禮》在小斂時不掩面、結絞，到大斂時才掩面、結絞，這體現的是孝子希望親人能夠死而復生的心情。汪紱考察這一說法來源於《禮記‧問喪篇》，並提出：孝子對於親人之死，雖然不忍心在其死後立即下葬，但也不會愚蠢到在親人已無復生的可能之後仍舊存有死而復生之願。這種死而復生的願望，並非先王制禮之意，而是後人附會而來。朱子《家禮》以簡便易行為主，因襲司馬光《書儀》之說而未改，不合禮意，所以，汪紱遵從《儀禮》，改掩面、結絞於小斂之時。

（五）完善邱濬之禮圖

禮圖之作，始於後漢阮諶，宋代聶崇義撰有《新定三禮圖》，明代劉績繪製《三禮圖》，對宮室制度、輿輪名物等加以圖解，是禮學的重要內容。朱子《家禮》原無禮圖，邱濬《家禮儀節》在對《家禮》的儀節進行增補之外，同時也補充了相關的禮圖，汪紱《六禮或問》也於冠、昏、喪、祭、鄉射五禮之末附錄禮圖，是對邱濬《家禮儀節》禮圖的完善。其中有沿襲邱氏舊圖而稍作改動者，如冠禮中《廟中長子冠圖》《廟制眾子冠圖》就是根據《家禮儀節》冠禮之《長子冠禮圖》《眾子冠禮圖》而來，但相較邱氏舊圖更為細緻精確。有改正邱氏舊圖之誤者，如喪禮中《大斂殯弔廬次之圖》，汪紱有注文曰：「大斂於阼，殯於客位，《家禮》亦在堂中少西，而舊圖柩於正中，誤也。又殯後乃設靈床，舊圖襲後遂設靈床於座東，今皆正之。」〔註28〕又如祭禮中《舊時祭陳設序立圖》，汪紱又曰：「舊邱氏所定，頗有舛誤，今正之。」〔註29〕此外，《六禮或問》中還有補充新圖者，如冠禮中補充《今祠堂制冠圖》，祭禮中補充《新酌祠堂製圖》《新酌陳設序立之圖》《擬室中饋食行禮圖》《補立社祭社之圖》等，皆料簡群書，釋詞通義，形制章明，具象可睹，以為學

〔註27〕〔清〕汪紱：《六禮或問》，《汪雙池先生叢書》第 18 冊，廣陵書社 2016 年版，第 234～236 頁。

〔註28〕〔清〕汪紱：《六禮或問》，《汪雙池先生叢書》第 18 冊，廣陵書社 2016 年版，第 336 頁。

〔註29〕〔清〕汪紱：《六禮或問》，《汪雙池先生叢書》第 18 冊，廣陵書社 2016 年版，第 478 頁。

者梯引，亦沉潛篤實之作也。

三、汪紱《六禮或問》的思想宗旨

汪紱編纂《六禮或問》的思想宗旨，與朱熹編纂《家禮》的意旨頗有不同。朱子《家禮》以簡便易行為主，旨在施行於民眾生活之中，具有較強的普及型和民眾實踐意義；而汪紱《六禮或問》則是「明禮意」為宗旨，《六禮或問·發凡》開篇即曰：「是書設為問答，以明禮意。」〔註30〕汪紱所作自敘亦曰：「禮之為學，宰制群動，涵毓性情，既當執持其文，猶當深察其意。」〔註31〕又曰：「紱之為是書，究未敢冀天下之必行，亦不過剖析先王及朱子深意，欲與二三子時為講貫，且師其意焉，以修之於家而傳之後人，俾日用知所持循，而得免為閭巷之子。」〔註32〕可見，汪紱是希望通過編纂此書來「剖析先王及朱子深意，欲與二三子時為講貫」，希望能夠在自己家族內部得以傳習，使其日常行為有規可循，而不致於淪為巷閭庸人，並藉此使儀節與禮意能夠得到傳承而不致於湮沒無聞，由此可見《六禮或問》一書的自我期許。

「明禮意」就是要闡發先王制禮之意，也就是蘊含在禮之節文、度數之中的文化內涵。對於禮意與節文之間的關係，汪紱在《六禮或問》末尾所附《餘論》中通過答問的形式有所論述，其文曰：

> 問：「子言禮如此其重也。夫禮之大體，三代相因，捨是固無以定治。若夫節文之繁、度數之末，則三王已不相襲，安在今之必效於古？如子之所重者，寧非節文之末歟？夫謂節文之末也，而顧為治民之本乎？」曰：「不然哉！禮不徒在節文，而捨節文何以見禮？三代以前，禮制未備，是以三王迭為損益。孔子曰：『郁郁乎文哉，我從周。』則言禮而至於周，雖欲更為損益，其已無庸撰也。周末禮失，而後有文勝之弊。夫文勝豈武、周之過哉！孔子曰：『立於禮。』又曰：『不學禮，無以立。』夫所謂禮者，固本於恭敬辭讓之誠，而所以固人筋骸、作其莊敬，則尤在節文、度數之詳也。程子曰：『只

〔註30〕〔清〕汪紱：《六禮或問》，《汪雙池先生叢書》第 18 冊，廣陵書社 2016 年版，第 35 頁。

〔註31〕〔清〕汪紱：《六禮或問》，《汪雙池先生叢書》第 18 冊，廣陵書社 2016 年版，第 26 頁。

〔註32〕〔清〕汪紱：《六禮或問》，《汪雙池先生叢書》第 18 冊，廣陵書社 2016 年版，第 28 頁。

整齊嚴肅，則心便一，一則自無非僻之幹。』夫欲以整齊於外以一其心，則捨度數、節文，其曷由也哉？故朱子曰：『不知禮，則耳目無所加，手足無所措也。』況先王制禮，毫末皆有精義，習而安之，則真意出焉。真意洋溢，節文、度數莫非自然，此之謂和。如以節文為繁而謂得禮意於節文之外焉，則所謂知和而和者，又烏在其為先王之道乎？即如鄉射一禮，揖讓進退，文最為繁，而細味焉，實安且順。是猶木之枝葉，或多或少，似無關係，而折其一枝，則木以傷；猶草木之有華，或六出、五出、四出、層出，而缺其一瓣，則花以不全。節文之末，烏可忽哉！然則安上治民，正節文之盡善者為之耳。絨非敢重言節文，重言節文，正所以重言禮也。」〔註33〕

汪紱《六禮或問》一書重視具體的節文、度數，其儀節相較《家禮》更加複雜，不便於用，使人有舍本逐末之疑。但在汪紱看來，禮意與節文的關係是：禮不徒在節文，捨節文無以見禮。也就是說，先王制禮之意，包含甚廣，不僅見於節文、度數之中；但先王所制之節文、度數，不論精粗，皆含禮之精意，拋開對節文、度數的研習，是無法明白先王制禮之意的。如果要化民成俗、安上治民，就需要從研習節文、度數之詳的基礎上展開，惟有如此，才能「固人筋骸、作其莊敬」，進而達到「節文、度數莫非自然」的境界。而那些厭煩節文、度數之紛繁複雜，以為可以在節文、度數之外求得禮意的想法，是不合於先王制禮之道的。所以，汪紱在此重申，他在《六禮或問》中對節文、度數的重視，並非是單純的對節文、度數的重視，而只是他重視禮意的一種表現形式，因為只有在對節文、度數熟悉的基礎上，才能明白先王制禮之意。民眾士庶在具體實踐中，不僅要能依據禮之儀節而行，而且還要明白禮之儀節背後蘊含的先王制禮之意，後世之人行禮一味求簡，就與其對先王制禮之意的疏離有關。可以說，在汪紱的心中，禮意與節文並非簡單的本末、體用的關係，而是一種寓本於末、藏體於用的關係，禮意就在節文之中，捨去節文無法求得禮意，而明白了禮意，對於行禮也有促進作用。

在禮制的落實過程中，如果過分注重對節文、度數的講求，同樣也會陷入「文勝」之弊。即如《論語·雍也》中孔子所言：「質勝文則野，文勝質則史。文質彬彬，然後君子。」汪紱《六禮或問》對節文、度數的重視，也有

〔註33〕 〔清〕汪紱：《六禮或問》，《汪雙池先生叢書》第 18 冊，廣陵書社 2016 年版，第 618～620 頁。

陷入「文勝」之弊的嫌疑。對於這一問題，汪紱在《餘論》中也做了回應，其文曰：

> 問：「誠如子言，則文勝者其何以識焉？」曰：「文勝者，非文之過，專事乎文者之過也。林放問禮之本，子曰：『禮，與其奢也寧儉；喪，與其易也寧戚。』世之為禮者，務為專門，真意不存。一燕禮也，而肴饌必豐；一嫁娶也，而裝資必盛；一饋遺也，而貨物必厚；一事不如人，則以為恥，而不顧家之有無。究之，則外爭門面之觀，而內深費財之惜。故宴享賓客、男女昏娶、贈答饋遺，皆以為不得已之事，而誠敬之意蕩然無復存者。其實彼所為文者，皆非先王之禮，而徒費財用。是故文勝之失，皆奢易者之為本害也。禮貴儀而不重貨賄，文有定度而有無不以強貧。若以文勝之失而欲廢先王之節文，是猶懲噎而廢食，吾又恐廢食之害將不止於噎也。噫！何見之泥也。」〔註34〕

「文勝」之弊主要是因為行禮者只專注於對具體節文、度數的講求，甚至不顧自我的經濟基礎和具體情況，在行禮方面無法做到適度，而多有靡費之舉，而對行禮講求的誠敬之意則毫不在意，這是不符合先王制禮之意的。這種只重視禮儀之節文、度數的行為是不可取的，但造成這一現象並非節文、度數之錯，而是行禮者之過。所以，不能因社會上存在只重視節文、度數而無視禮意的行為，就進而否定可以通過對節文、度數的講求達到對禮意的追求。否則，也有因噎廢食之失。

最後，汪紱在總結禮意與節文關係時，又進一步說：「夫知禮者必詳於節文，而詳於節文者不必知禮。由節文以求禮而禮在，即節文以為禮而禮亡也。」〔註35〕知禮之士是必然熟悉具體的節文、度數的，因為具體的節文、度數之中是蘊含著先王制禮之意的，通過對它們的探求是可以明白先王制禮之意的。但熟悉節文、度數之人並非必然能通曉先王制禮之意，因為這些紛繁複雜的節文、度數並非禮意本身。如果僅僅專注於對節文、度數的講究，而忽略對禮意的講求，則於禮仍有缺失。合禮與非禮之間的差別，只在於是否明白節文、度數背後的禮意，這也正是汪紱把「明禮意」作為《六禮或問》思

〔註34〕〔清〕汪紱：《六禮或問》，《汪雙池先生叢書》第18冊，廣陵書社2016年版，第620~621頁。

〔註35〕〔清〕汪紱：《六禮或問》，《汪雙池先生叢書》第18冊，廣陵書社2016年版，第621頁。

想總旨的原因所在。

如於喪禮之虞祭一節，其中有曰：

> 或問：「虞者何也？」曰：「虞之為言度也，憂也，憂父母之未有所依而揆度以安之也。」「《記》曰：『以虞易奠。』何也？」曰：「至是而是祭之矣。」曰：「既虞而猶朝夕奠，何也？」曰：「奠，喪道也；祭，神道也。然未祔於祖，則未全乎神，故猶奠也。」〔註36〕

汪紱通過解釋「虞」字字義，闡發了虞祭的禮意所在，認為虞祭是在既葬之後孝子寄託憂思之情的一種形式；並進一步分析了祭與奠的區別，認為虞祭雖是對既葬父母的祭祀，但此時父母尚未進入祖廟，並非完全意義上的祭祀，所以在舉行虞祭的同時還需要舉行朝夕奠。

又如士相見禮中有曰：

> 或問：「相見之禮，何也？」曰：「敵者，凡始相見，皆率是禮也。相見必以禮，而辭讓之俗成矣。」曰：「相見必以贄乎？」曰：「始見必以贄，不敢虛以見也。」曰：「已見而還其贄，不已虛乎？」曰：「禮尚往來，還其贄者，輕財而重禮之義也。」〔註37〕

士相見之禮，是士大夫之間相互拜謁之禮，也是培養士人溫良恭儉讓的一種儀節。在士相見禮中，首次相見必須要有見面禮，而在見面之後又要將見面禮退還，這一儀節不免讓人有多此一舉之感。但在汪紱看來，這體現的正是先王制禮的深意。士相見需要見面禮，是因為士人之間相見需要有禮物作為媒介，以表示重視之意；而在相見之後返還禮物，則是一種「禮尚往來」的行為，體現的是士人重視禮儀而輕視財貨之意。汪氏之見雖稍嫌「復古」，卻也有其道理在。

而在《昏禮總論》中，汪紱更是詳細闡述了與婚禮相關儀節所蘊含的禮意。如其中有曰：

> 夫昏禮，陰道也。禮成於六者，陽始於一而陰六成之。六陰，成之始也，故冠者三加而昏六禮，陰陽之義也。納采、問名、納吉、納徵、請期皆以旦，而親迎以昏。旦由陽往也，昏則陽往而

〔註36〕〔清〕汪紱：《六禮或問》，《汪雙池先生叢書》第18冊，廣陵書社2016年版，第293頁。

〔註37〕〔清〕汪紱：《六禮或問》，《汪雙池先生叢書》第18冊，廣陵書社2016年版，第593頁。

陰來之義也。納采、請期，迨冰未泮，而親迎以冰泮，順陰陽之
動、天地之和以成生育之本也。陰陽合而後萬物育，夫婦和而後
家道成。〔註38〕

汪紱在這裡就解釋了婚禮為何要有納采、問名、納吉、納徵、請期、親迎六禮，這是要符合陰陽之義。而且前五禮的舉行時間是在早晨，而親迎則在黃昏，這也與早晨、黃昏所蘊含的陰陽之義有關：前五禮是男方往女方家中所行之禮，所以選擇早晨這個「陽往」之時；親迎是男方往女方家將女方娶回男方家，所以選擇黃昏這個「陽往而陰來」之時。可見，先王對婚禮六禮儀節的制定，是符合陰陽之數的，體現了「夫婦和而後家道成」的倫理法則和「陰陽合而後萬物育」的陰陽和合之意。

　　總之，在汪紱看來，先王所制之禮，其背後都是蘊含著禮意的，紛繁複雜的節文、度數並非毫無意義的虛文。汪紱在朱子《家禮》的基礎上編纂《六禮或問》，就是要在完善古禮系統和具體儀節的基礎上，更好地闡發先王「制禮作樂」的精深禮意。

四、結語

　　汪紱以「明禮意」作為《六禮或問》的思想宗旨，與朱子《家禮》重視實踐略有不同。朱子《家禮》為了誘人易於施行，過於簡便；朱子臨終前，已以《家禮》為太簡，故《家禮》並非禮之郅隆者。但即便如此，清代社會中實踐《家禮》者仍不多見。所以，汪紱一反朱子《家禮》之意，撰著《六禮或問》，以「明禮意」為訴求，希望通過系統闡明具體儀節背後蘊含的禮意，使人真正明白為何要如此行禮。也就是說，汪紱《六禮或問》追求的是讓人於《家禮》既知其然，又知其所以然，如此才能將《家禮》真切地落實到現實的生活中去。但就實際情況而言，汪紱也認識到實現這一目標是非常困難的，所以他在《六禮或問》中以闡發禮意為主，並不過分追求禮儀在現實生活中的實踐，只希望它能在家族內部傳承下去即可。可見，汪紱《六禮或問》不同於《家禮》極強的實踐化傾向，而有一種學術化傾向，即汪紱視《六禮或問》為一部闡述禮意的精英式的學術著作，而並非只是大眾化的禮儀指導手冊，所以後世學者對此書少有問津者。

〔註38〕〔清〕汪紱：《六禮或問》，《汪雙池先生叢書》第 18 冊，廣陵書社 2016 年版，
　　　　第 158～159 頁。

　　另外，朱子《家禮》的思想體系及其用意，在於以冠、昏、喪、祭四禮行之於家族內部，屬「家禮」範疇；其《儀禮經傳通解》將鄉射、士相見二禮作為行之於鄉邦社會的禮儀，屬於「鄉禮」範疇。而汪紱將朱子《家禮》的「四禮」發展為涵蓋家禮、鄉禮的「六禮」，是希望將禮的實踐範圍由家族內部擴展到鄉村社會，其作用也由和親睦族發展為治民化俗，因為正如《禮記‧王制》所言，冠、昏、喪、祭、鄉射、士相見六禮皆是執政者治民化俗、安上治民的手段。當然，汪紱也只是從理論上進行論述，無意於仕途的汪紱是無法將其理想實踐於現實生活之中的。汪紱編纂《六禮或問》，只是希望可以通過全面系統地整理與民生日用相關的「六禮」，既能闡述六禮的禮意，通過在門人弟子中間的講授，使儒家禮學精義傳承下去；又能規範六禮的儀節，通過在自己家族內部的實踐，使儒家禮儀節文延續下去。

　　總之，汪紱《六禮或問》是一部在繼承朱子《家禮》基礎上，以「明禮意」為思想宗旨，系統闡發《家禮》禮意，並進一步擴展到社會治理方面的一部禮學著作，是清代朱子《家禮》學研究的新動向，在清代禮學史上具有重要的學術地位。

〔本文為安徽高校人文社會科學研究重點項目（SK2018A0028）階段性成果，並得到安徽大學博士科研啟動經費項目資助〕

從「落寂」到「揚名」
——張爾岐《儀禮鄭注句讀》與清初儀禮學的轉進

蘇正道

摘要：張爾岐《儀禮鄭注句讀》是清初《儀禮》研究的名作，在乾嘉間獲得巨大的聲名，但本書在清初影響了了。是時禮學研究受朱子《儀禮經傳通解》和《家禮》的影響和遮蔽，《句讀》為張氏尋見不到《通解》而轉研《鄭注》的產物。但他並非定東漢鄭學於一尊，而是對漢宋經注擇善而從。《句讀》對鄭注《儀禮》文本的清理，包括文字校勘，使其成為清代《儀禮》研究的奠基之作。《句讀》對《儀禮》的分節，多數章節同於《通解》，乾嘉學者時常提及之，但張氏明確表示未曾見過朱書。那麼，《句讀》是否借鑒《通解》，成為必須考察的對象，本文嘗試對這一問題進行清理。

關鍵詞：《儀禮鄭注句讀》；鄭注；清理；校勘；《通解》

作者簡介：蘇正道，歷史學博士，西南財經大學馬院講師。

論及清代學術，大家一定會被清代學者的考據著述所吸引和震撼，梁啟超曾用「家家許、鄭，人人賈、馬」來形容其時的盛況。[註1]在這些汗牛充棟的考據著述中，尤以禮學的研究最為突出，包括典制考證和儀節注釋，即以《周禮》和《儀禮》的研究為中心，《禮記》的研究頗為冷落。而在《儀禮》的研究中，從乾隆中後期開始出現了研究的高潮，湧現出眾多的禮學名家、

〔註1〕梁啟超：《清代學術概論》，《梁啟超論清學史二種》，復旦大學出版社，1985年，第60頁。

名作，如凌廷堪以《儀禮釋例》、胡培翬以《儀禮正義》等。在這之前的康、雍時期，清代的禮學研究主要圍繞朱熹禮學而展開。周啟榮先生指出，在乾隆初三禮館開館前，尤其是康熙時的禮學研究，主要基於實際改革和施行禮制而進行，其禮學著作幾乎都是環繞朱熹《朱子家禮》、《儀禮經傳通解》而提出進一步的增修研究、批評或者辯護，或者用朱熹的禮學著作為基礎，繼續編纂有關禮制的書。〔註2〕這其中包括孫奇逢《家禮酌》、顏元《文公禮鈔》、江永《禮書綱目》等，朱熹主撰的《儀禮經傳通解》和《朱子家禮》成為清初禮學研究的顯學。

在清初朱子禮學的研究熱潮中，在濟陽這個北方傳統的經訓之地，出現一位尊奉理學的學者，同時在進行《儀禮》的研究，但關注的重心卻是鄭注《儀禮》。他的成果在當時並不顯名，但在乾嘉之際得到推尊。從時間上來說，他的禮著是清代《儀禮》研究的先聲，他本人也被乾嘉間的漢學家視為開山之一，在清學史上享有盛名。這就是張爾岐和他的禮學名著《儀禮鄭注句讀》。

在清初學者們雲集於朱子禮學的研究的氛圍中，張爾岐為何轉向關注漢代鄭玄的禮注。他的著作花費了三十年時間，在乾嘉間得到推尊，其學術價值究竟何在？它在當此的冷落和後來的顯名之間，經歷了怎樣的蛻變，過程如何？乾嘉學者幾乎一致認為它的成功受惠於朱子《通解》，但作者堅稱未曾見過朱子禮書，真實的情況又是怎樣？本文嘗試對這些問題進行探索和解析。〔註3〕

一、張爾岐與《儀禮鄭注句讀》

張爾岐，字稷若，號蒿庵，山東濟陽人。其遠祖名大倫，明初徙自棗強，世代務農。父名行素，曾官至湖廣石首驛丞，之任三日，即馳歸故里，不為

〔註2〕 周啟榮：《儒家禮教思潮的興起與清代考證學》，《南京師大學報》2011年第3期，第13～14頁。
〔註3〕 關於張爾岐禮學的研究著作很多，大致說來，主要是兩個方面的研究。一是對本文句讀、校勘的學術成績的討論，一是對本書寫作的學術背景的研究。主要有：林存陽《張爾岐與〈儀禮鄭注句讀〉》，《齊魯學刊》2001年第1期，亦見氏著《清初三禮學》，中國社會科學出版社，2002年；彭林《論張爾岐〈儀禮鄭注句讀〉》，單周堯主編：《明清學術研究》，中國社會科學出版社，2009年，第32～43頁。馬玉梅《張爾岐〈儀禮鄭注句讀〉版本考略》，王政，周有斌主編：《古典文獻學術論叢》第2輯，黃山書社，2011年，第164～168頁；鄧聲國《試論張爾岐的〈儀禮〉詮釋特色及其成就》，《江西科技師範學院學報》2012年第4期；潘斌《明清之際的學風與張爾岐的〈儀禮〉詮釋》，《古籍整理研究學刊》2017年第3期。

風塵折腰。爾岐生於萬曆四十年（1612），少為諸生，從事科舉，屢試不售。

年輕的張爾岐致力於時文，三次參加鄉試皆未如願，但他仍耽於時文，同時學習詩文曲詞，「又以時重諸子，學諸子」，「感友人之說，肆力於時文。時文喜雜引《周禮》、《禮記》，學《周禮》、《禮記》。」〔註4〕這種情況一直持續到崇禎十七年甲申（1644），即黃宗羲所謂的「天崩地解」的變局時刻〔註5〕。而且在此之前，崇禎十二年其父被清兵所執，招致身履大難。這種家仇國恨的刺激，他決意恥食清祿，自敘「形神慘悴，煢煢孤立；忽狂作，欲蹈水死，自焚所業書義。又欲著道士服，棄家入山。返顧堂上老母郭孺人莫誰事者，復強自抑制，教授鄉里。未幾當貢入學，以病廢不果行。遂貧賤以終其身。」〔註6〕

從此以後，張爾岐致力於學術，並列出詳細的讀書計劃。《日記又序》記載，他的擬讀書目和閱讀順序如下：「首《大學》，次《論語》，次《中庸》、《孟子》，次《詩》，次《書》，次《易》，次《春秋》，次《周禮》、《儀禮》、《禮記》。史則主《綱目》，次《前編》、《續編》、本朝《通紀》、《大政錄》。雜書則《大學衍義》及《補西山讀書記》、《文獻通考》、《治安考據》、《文章正宗》、《名臣奏疏》、《大明會典》。日有定課，不敢息。」〔註7〕所著書有《易經說略》、《夏小正傳注》、《弟子職注》、《老氏說略》、《蒿庵集》、《蒿庵閒話》、《濟陽縣志》、《吳氏儀禮考注》、《春秋傳義》（未成）。也包括他集三十年之力而成的《儀禮鄭注句讀》，本書可謂其畢生巨著和代表著作，列於儒林。

張爾歧選擇從時文轉向學術的研究，是對晚明科舉時文的弊病的批評。晚明學術的空疏，史書和清代的學者有過深刻的揭露。《明史》記載，明初四書、經義取士，還能「不尚華采」，其後便「標新領異，益漓厥初」，尤其是天啟、崇禎之間，「文體益變，以出入經史百氏為高。」〔註8〕顧炎武揭露明代科舉的弊病，以為科舉程文，甚至以「老莊」破題。〔註9〕明人不讀傳注，

〔註4〕〔清〕張爾岐：《蒿庵集》卷二《日記又序》，《張爾岐詩文選》，張華松選注，濟南出版社，2009年，第86頁。

〔註5〕〔清〕黃宗羲：《留別海昌同學序》。

〔註6〕〔清〕張爾岐：《蒿庵集》卷三《蒿庵處士自敘墓誌》，《張爾岐詩文選》，第130頁。

〔註7〕〔清〕張爾岐：《蒿庵集》卷二《日記又序》，《張爾岐詩文選》，第87頁。

〔註8〕〔清〕張廷玉等撰：《明史》卷69《選舉一》，中華書局，1974年，第1689頁。

〔註9〕〔清〕顧炎武：《日知錄》卷18「破題用莊子」條，《日知錄集釋》中冊，上海古籍出版社，2006年，第1057頁。

以致士子作文張冠李戴，考官亦復不知。〔註10〕在張的眼中，文章關乎世運，他痛陳「明初學者宗尚程朱，文章質實。名儒碩輔，往往輩出。國治民風，號為近古。自良知之說起，人於程朱，始敢為異論。或以異教之言，詮解《六經》。於是議論日新，文章日麗。浸淫至天啟、崇禎之間，鄉塾有讀《集注》者傳以為笑。《大全》、《性理》諸書束之高閣，或至不蓄其本。庚辰以後文章猥雜最甚。能綴砌古字經語，猶為上駟俚詞諺語，頌聖祝壽，喧囂滿紙。聖賢微言，幾掃地盡。而甲申之變至矣嗚呼！」〔註11〕這種文風和士風交雜的虛弱之風，應對明亡負有責任。張爾岐也從此轉向經學的研究，參加經學社，並起草宣言，「慨自科舉學興，流風斯下，雖託業於詩書，實攖情於利祿。設心之始，已異前規。及其為術彌工，去道愈遠。」〔註12〕張爾岐《儀禮》的研究，其宗旨應始於此學術背景。

　　同時，明清社會風俗多從佛教，從明代中晚期開始，隨著商品經濟的發達，人們任情而逾禮。尤其是在喪葬禮中，延續從宋代開始的佛教火葬和禮儀。又明清鼎革之際，逃禪士大夫人數眾多，孫奇逢說：「當世士大夫，儒而歸禪者，十常四五」。〔註13〕張爾岐就曾指出，「至袁氏《立命說》，則取二氏因果報應之言，以附吾儒「惠迪吉、從逆凶」，「積善餘慶、積不善餘殃」之旨，好誕者樂言之，急富貴、嗜功利者更樂言之，遞相煽誘，附益流通，莫知其大悖於先聖而陰為之害也！」〔註14〕在此種背景下，學者對於儒家經典的研究和移風易俗有著使命感。張爾岐宣稱「佛事宜遵文公之訓」，〔註15〕就是喪葬禮應該遵循《朱子家禮》。他對於禮節的重視，是研究《禮儀》的動力源泉。

　　從張爾岐自身經歷來說，他父親和弟弟死於滿州兵的入侵和劫掠。明亡之後，他拒絕出仕和科考，保持著遺民的氣節。戴君仁先生以為「張氏是借了《儀禮》，來抒發他的思古之幽情。這思古不是徒戀古董而已，而是懷念中國過去的文化。我想他做這部書，其目的是要後人不要忘了自己的文化，亦

〔註10〕〔清〕顧炎武：《日知錄》卷18「科場禁約」條，《日知錄集釋》中冊，第1061頁。

〔註11〕〔清〕張爾岐：《蒿庵閒話》五九。

〔註12〕〔清〕張爾岐：《蒿庵集》卷三《經學社疏》。

〔註13〕〔清〕孫奇逢：《夏峰先生集》卷7《答趙寬夫》。

〔註14〕〔清〕張爾岐：《蒿庵集》卷一。

〔註15〕〔清〕張爾岐：《蒿庵集》卷三。

即是不要忘記了自己的歷史。」〔註16〕家仇國恨的反思促進他對《儀禮》的研究，可以聊備一說。

但清初的禮學研究主要集中於朱熹禮學。如孫奇逢、顏元等人編撰的家禮用書，盛世佐、梁萬方、江永等人據朱子《通解》編撰的禮書等，就是這種情況的直接反映。另外，在南方的考證禮學中，也主要是針對《家禮》的罅漏而進行，如黃宗羲的深衣考釋，萬斯大、萬斯同兄弟對禮學考研多為補正《家禮》而作。在這種情況下，清初的《儀禮》研究是非常落寞的，張爾岐的《句讀》選擇《儀禮》為研究對象，是清初的一個特殊的個列，值得關注和研究。

張爾岐的研究代表著《儀禮》研究需要突破的趨勢。傳統的禮學研究是清初歷經戰亂以還的學者們的共同夙願。顧炎武在寫給汪琬的信中，曾提及早年忙於抗清和漂流，晚年想研修禮學，但歎悔恨而將希望寄託於來學。據張爾岐的自敘，他研究《儀禮》本想參據《通解》，但因不見朱子禮書而轉向鄭注的研究，促進了《句讀》這本名作的誕生。朱子禮書在當時是否屬於難以見到的書類，還有待研究。張氏的申明，透露出朱子禮學和禮書在清初的盛況，他的《儀禮》研究在當時屬於違異朱學的另類，側面說明了《句讀》不顯的緣由。

詭異的還有張著的選擇對象。張爾岐的經解選擇鄭注為目標進行文本、句讀的清理，這一選擇被乾嘉的漢學家視為學尊漢學的表徵。但張爾岐在思想取向上一尊宋學。《蒿庵處士自敘墓誌》記敘其早年謹守程朱的態度，「時值異說正熾，處士獨守程朱說。雖從事科舉，日與兩弟講究《大全》、《蒙引》、《存疑》不少變者六七年。」〔註17〕晚年的張氏亦堅守程朱理學，著《天道論》、易說等。

通閱張氏著作，我們發現他既尊程朱又尊鄭玄的做法，表面上看似分裂，其實是他兼採漢宋，優選經注的旨趣所決定的。張爾岐的學術大略分成兩個部分；一個是講究理學修身，代表著作包括《天道論》、《老子說略》等；一個是注重傳統經注的研究，目的在於對陽明心學空疏主張的清算。張爾岐在選擇經注方面並不嚴分漢宋，《易》宗程朱，《春秋》宗法胡安國，禮學方

〔註16〕戴君仁：《書張爾岐〈儀禮鄭注句讀〉讀後》，《書目季刊》1966 年第 1 期，第
　　　　52 頁。
〔註17〕〔清〕張爾岐：《蒿庵集》卷三《蒿庵處士自敘墓誌》。

面宗法鄭玄。張爾岐選擇鄭注，並非純宗漢學，只是說明他對經注擇優的結果。這是對宋明以來嚴分門戶，論學空虛學風的反擊，體現出了一個學者的風骨。

二、回歸鄭注與文本、校勘整理

表面上看，《儀禮鄭注句讀》僅僅對《儀禮》進行了句讀和整理，它保留了鄭玄的注釋，節略概括賈公彥的疏解，自身的研究創見主要以「愚按」示出，數量並不多。但是，如果將《句讀》放入明清《儀禮》學史的研究背景之下，它立即呈現出重要的學術價值。這種學術價值主要表現在以下三個方面。第一，對《儀禮》學史的研究來說，它打破了朱熹《儀禮經傳通解》在明清經禮學研究的壟斷地位，促進了《儀禮》專經研究的獨立和發展。張氏又為《儀禮》及其鄭注分章別句，為清代後期禮學研究的繁榮做出了基礎性的貢獻。第二，它打破了明清以來《儀禮》研究獨尊敖繼公和郝靜敬禮學的臆斷和詮釋，重新回到東漢鄭玄的禮學系統，引領了清代後期《儀禮》研究的方向。第三，它的校勘精當，使用的資料豐富，方法謹嚴，對《儀禮》文本進行的校勘，為清代《儀禮》的校勘提供了原則、方法和範例，起到了引領和示範的作用。下面分述之。

（一）文本整理

三禮是經學研究的重要典籍，其中以《儀禮》為正宗。雖然清代被譽為《儀禮》研究的繁盛時期，但主要是乾隆中期以後的考證和注釋諸作。《儀禮》一經在初期並不顯名，這是由於它的研究歷史所決定的。

《儀禮》又稱《士禮》，是周孔所澤，禮學正經，《禮記》為其附庸，記其遺闕。但漢代以後對此經的所習漸少，魏晉以迄陳隋，《儀禮》研究集中於喪服，反映出是時的門閥制度背景和尊卑等級觀念。唐代一統之後，諸經正義的編修提上日程，結果《儀禮》代替《儀禮》成為五經正義之一。唐以九經取士，以經文多少分大中小經，士子於分經中又習易畏難，故《周禮》、《儀禮》、《公羊》、《穀梁》四經殆絕。殆絕還未絕，經建議朝廷下制，明經習《左氏》及通《周禮》等四經者，出身免任散官。至宋代神宗時採用王安石的建議，罷黜詩賦和明經諸科，其中包括《儀禮》和《春秋》。士子少習此經，《儀禮》研究從此一蹶不振。

作為正經的《儀禮》，其研究的荒廢，造成研究附會和杜撰風氣的盛行。

朱熹上書修禮劄子，批評說：「（王安石）廢罷《儀禮》，而獨存《禮記》之科，棄經任傳，遺本宗末，其失已甚。而博士諸生又不過誦其虛文以供應舉，至於其間亦有因儀法度數之實而立文者，則幽冥而莫知其源。一有大議，率用耳學臆斷而已。」〔註 18〕他於是以《儀禮》為宗重編禮書，這就是《儀禮經傳通解》一書編撰的由來。本書包括了冠、婚、喪、祭及家、鄉、邦國、王朝禮，表現出朱子的經世理想和內聖外王的為學途徑。該書宗法《儀禮》，保留了幾乎全部的鄭注，節略保存了大部分的賈疏，在嚴州本《儀禮》經注疏合刊於乾隆末發現前，學者對《儀禮》的研究，尤其是對鄭注、賈疏的研究多依賴朱子禮書。但《通解》是一部未成之作，它由朱子發凡起例，從最後的成書來看，朱子所親定的部分只有《通解》，剩下的《集傳集注》未及整理，黃榦、楊復所編《續通解》未能融入進本書內聖外王的理學路徑。這也導致了明清以來大批學者爭相重訂此書，如姜兆錫《儀禮經傳內外編》、江永《禮書綱目》等。在乾隆初三禮館開館前，禮學研究幾乎都是環繞朱熹《朱子家禮》、《儀禮經傳通解》而提出進一步的增修研究、批評或者辯護，或者用朱熹的禮學著作為基礎，繼續編纂有關禮制的書。〔註 19〕

在這種學術氛圍下，張爾岐轉向對《儀禮》的研究，起著開風氣之先的作用。這種先鋒作用直到乾嘉時期才顯露出來，展現出張氏《儀禮》研究的卓越功勳。

張爾岐選擇《儀禮》作為整理和研究的對象，其主要的做法是對《儀禮》本經進行分章別句，概略賈疏對鄭注進行節釋。《儀禮》研究向稱繁難。唐代韓愈就曾感到《儀禮》的難讀，謂「余嘗苦《儀禮》難讀，又其行於今者蓋寡，沿習不同，復之無由，考於今誠無所用之。」〔註 20〕歐陽修也坦承自己沒有讀過《儀禮》。〔註 21〕造成這種情況主要是《儀禮》的繁難。這種統繁的工作，朱子曾經作過嘗試，他以為《儀禮》難讀有兩大原因，一是缺乏善本，「《儀禮》人所罕讀，難得善本。而鄭《注》、賈《疏》之外，先儒舊說多不

〔註 18〕〔宋〕朱熹：《乞修三禮劄子》，《朱子全書》第 2 冊，上海古籍出版社，2002年，第 25 頁。

〔註 19〕周啟榮：《儒家禮教思潮的興起與清代考證學》，《南京師大學報》（社會科學版）2011 年第 3 期。

〔註 20〕〔唐〕韓愈：《昌黎先生文集》卷 11《讀儀禮》，國家圖書館藏宋蜀刻本。

〔註 21〕〔清〕沈懋德：《禮記古義跋》，「韓昌黎患《儀禮》難讀，而歐陽永叔亦自言平生何嘗讀《儀禮》。」引自《研溪學案》，《清儒學案》，陳祖武點校，河北人民出版社，2008 年，第 1548 頁。

復見，陸氏《釋文》亦甚疏略。近世永嘉張淳忠甫校定印本，又為一書以識
其誤，號為精密，然亦不能無舛謬。」〔註22〕二是不分章句，「前賢常患《儀
禮》難讀，以今觀之，只是經不分章，記不隨經，而注、疏各為一書，故使
讀者不能遽曉。今定此本，盡去此諸弊，恨不得令韓文公見之也。」〔註23〕
朱子採用分章別句的辦法，較好地解決了《儀禮》難讀的問題。由於朱子將
《儀禮》附屬於所編禮書之中，截取移植經文，這種做法被姚際恒認為經傳
顛倒，毫無發明。〔註24〕這項工作曾經輾轉多人，以著《文獻通考》稱名的
馬端臨，其父馬廷鸞著有此類章句著作，可惜其書不傳。它最終由張爾岐來
完成。張爾岐「讀莫能通」，從而發奮整理和研究《儀禮》。

　　同朱子一樣，張爾岐對《儀禮》經文採取分章別句的方法。這種方法在
賈疏中已經開始廣泛使用。以《士冠禮》為例，賈將正經分成十數段，如將
「筮於廟門」至「宗人告事畢」劃為一節，「論將行冠禮，先筮取日之事。」
〔註25〕但賈疏劃分有缺陷，一是分節不完全，部分正經未為分節，正經所附
之記也未分節。其次，段意概括較為冗繁，如《士冠禮》「主人戒賓，賓禮辭
許」，至「賓拜送」一節，賈疏：「論主人筮日，訖三日之前廣戒僚友，使來
觀禮之事也。」〔註26〕朱子易以「戒賓」，精練而且準確。朱子《儀禮經傳通
解》最大的特色也是對《儀禮》經文的分章別句，將《儀禮》所記錄的各種
儀節分以「右」的方式總結，如《士冠禮》分為「筮日」、「戒賓」、「筮賓」、
「宿賓」、「為期」、「陳器服」、「即位」、「迎賓」、「始加」、「再加」、「三加」、
「醴冠者」、「冠者見母」、「字冠者」、「賓出就次」、「冠者見兄弟姑姊」，「奠
摯於君及鄉大夫鄉先生」、「醴賓」。「醴賓」下以「今按的方式」明確指出，「此
章以上，正禮已具，以下皆禮之變」，〔註27〕「變禮」包括「醮」、「殺」、「孤

〔註22〕〔宋〕朱熹：《晦庵先生朱文公文集》卷70《記永嘉儀禮誤字》，《朱子全書》
　　　　第23冊，上海古籍出版社，2002年，第3390頁。
〔註23〕〔宋〕朱熹：《晦庵先生朱文公文集》卷54《答應仁仲》，《朱子全書》第23
　　　　冊，第2550頁。
〔註24〕〔清〕姚際恒：《禮學通論·儀禮論旨》，上海古籍出版社，影印北京圖書館
　　　　藏抄本，1995年，第2頁。
〔註25〕《儀禮注疏》卷1，《十三經注疏》簡體字本，北京大學出版社，1999年，第
　　　　5頁。
〔註26〕《儀禮注疏》卷1，《十三經注疏》（簡體字本），北京大學出版社，1999年，
　　　　第14頁。
〔註27〕〔宋〕朱熹：《儀禮經傳通解》卷1，《朱子全書》第2冊，上海古籍出版社，
　　　　2002年，第63頁。

子冠」、「庶子冠」、「母不在」等情形。如此一來，原本冗繁的《儀禮》變得眉目清晰。

張爾岐《句讀》最大的貢獻亦是對《儀禮》文本的整理。乾嘉學者幾乎一致認為，本書襲自朱熹《儀禮經傳通解》。陳澧謂：「張稷若《儀禮鄭注句讀》，吳中林《儀禮章句》，皆用朱子之法。」〔註28〕但張爾岐表示在寫作此書之初未能參考朱熹《通解》。《儀禮鄭注句讀序》謂：「愚三十許時，以其（《儀禮》）周孔手澤，慕而欲讀之，讀莫能通。旁無師友可以質問，偶於眾中言及，或阻且笑之。聞有朱子《經傳通解》，無從得其傳本。坊刻《考注》、《解詁》之類皆無所是正，且多謬誤。所守者，唯鄭注、賈疏而已。注文古質，而疏說又曼衍，皆不易了。讀不數緡，輒罷去。」〔註29〕他的敘述或許是誠實的，他寫作《句讀》的時間甚長，達三十年。從現有文本來看，他參考過朱子《通解》，這是毋庸置疑的。

就較為明確的引書來說，《句讀》引《通解》共兩處。一是《士冠禮》「三服之屨」，朱子曰：「三屨，經不言所處，疑在房中。既冠而適房改服，並得易屨也。」〔註30〕一是《鄉飲酒禮》論及笙詩，先儒又以為有其義，亡其辭。朱子則云：「笙詩有聲無辭，古必有譜，如魯鼓、薛鼓之類，而今亡矣。」為得之。〔註31〕兩處引用均見於朱子《通解》，證明他參考過朱子禮書，是直引還是轉引，不能遽下定論。

就表面形式來講，二書確實相似，都是對《儀禮》或者以《儀禮》為的禮書編撰進行節釋。但二書也有較明顯的差異。就分節來說，二書對於節釋內容的概括稍異。以《士冠禮》為例，《通解》「宿賓」章，《句讀》作「右宿賓、宿贊冠者」。《通解》「陳器服」章，《句讀》作「冠日陳設。」

二書最主要的差別表現在，《句讀》主要針對《儀禮》本經進行整理，《通解》則據《儀禮》重編禮書。如《士冠禮》經文「宿贊冠者一人，亦如之。」《通解》「宿賓」後附辭。「辭曰：『某將加布於某之首，吾子將蒞之，敢宿。』賓對曰：『某不敢夙興。』」且附小字：蒞，音利。○蒞，臨也。今文無『對』。

〔註28〕〔清〕陳澧：《東塾讀書記》卷八，上海古籍出版社，2012年，第129頁。

〔註29〕張華松選注：《張爾岐詩文選》，濟南出版社，2009年，第72～73頁。

〔註30〕《儀禮》卷一，〔清〕張爾岐句讀，上海古籍出版社，2016年，第21頁。

〔註31〕《儀禮》卷一，〔清〕張爾岐句讀，上海古籍出版社，第67頁。朱熹的意見見《儀禮經傳通解》卷七，《朱子全書》第2冊，上海古籍出版社，2002年，第283頁。

《通解》又在「賓升則東面」之後附「屨，夏用葛，玄端黑屨，……」，《句讀》則無。《句讀》嚴格遵循《儀禮》經文，《通解》則自亂經文。

張爾岐對《儀禮》經文的整理，為清代《儀禮》的研究做出了基礎性的貢獻。乾嘉以後張惠言《儀禮圖》、凌廷堪的《禮經釋例》相繼出現，使對《儀禮》的基礎研究更加深入，分節、繪圖、釋例，基本上解決了《儀禮》繁難的問題。陳澧歎曰：「今人生古人後，得其法以讀之，通此經（《儀禮》）不難矣。」〔註32〕張爾岐《句讀》最大成就是解決了《儀禮》文本不可卒讀的固有難題，給清中葉以來的禮學家們提供了《儀禮》研究值得信賴的文獻版本，它在清季被推尊為《儀禮》研究的先聲，受到廣泛的讚譽，這也不是偶然的。

（二）回歸鄭注

在三禮學的研究中，鄭玄的注釋佔有極為重要的地位，三禮學和鄭學是幾不可分的名詞。東漢以後，魏晉六朝時期，鄭學大盛於北方。至王安石罷黜《儀禮》，尤其是元代敖繼公《儀禮集說》的出現，鄭玄的地位受到挑戰，黯淡不彰。

敖繼公務反鄭注，有著鮮明的疑經特色。他認為鄭注疵多醇少，「刪其不合於經者，而存其不謬者。意義有來足，則附之以一得之見焉。」〔註33〕《儀禮集說》的觀點為明代郝敬《儀禮節解》所遵用。清初《儀禮》研究謹遵敖、郝之說。如姚際恒認為《儀禮》「儀則非禮，則不得為經矣」，朱熹《通解》毫無旨趣，他看重的是敖、姚之書，於敖書十取二三，於郝書十取五六，取敖、郝二氏之書，擇其善者別以細字書於後，再加分節、標題、句讀、勾畫、圈點、評語，成《儀禮通論》一書。〔註34〕《集說》在清初影響廣泛，除姚際恒《儀禮通論》外，萬斯大《儀禮商》、方苞《儀禮析疑》等，均受此影響。一直到乾隆初修撰《三禮義疏》以及沈彤《儀禮小疏》，仍採取敖注。四庫館臣以為「鄭《注》簡約，又多古語，賈公彥《疏》尚未能一一申明。繼公獨逐字研求，務暢厥旨，實能有所發揮。……繼公所學，猶有先儒謹嚴之遺。」〔註35〕

〔註32〕〔清〕陳澧：《東塾讀書記》卷八，上海古籍出版社，2012年，第127頁。
〔註33〕〔元〕敖繼公：《儀禮集說序》，清文淵閣四庫全書本。
〔註34〕〔清〕姚際恒：《儀禮通論》，《續修四庫全書》第86冊，第32～33頁。
〔註35〕〔清〕永鎔等撰：《四庫全書總目》，中華書局，1965年，第161頁。

　　但學者們在參與《儀禮義疏》修訂的過程中，必然要清理《儀禮》的流傳歷史，參閱鄭玄注釋，在反覆的對比勘驗中，他們發現在更多的時候是敖繼公錯誤，而鄭玄是正確的，於是漸有對敖說的批評，並力圖回歸鄭注，這其中尤以吳廷華、褚寅亮，以及稍後的凌廷堪最著。他們的《儀禮》研究，貢獻最為突出。〔註 36〕張爾岐《句讀》對鄭注的遵從和維護，起著導引風氣之先的作用。

　　張爾岐回歸鄭玄注的研究，主要是通過節略賈疏，同時略以「愚按」來實現的。本書初名《儀禮鄭注節釋》，說明了張爾岐洞曉《儀禮》研究的問題之所在，而將重心放在對鄭注的整理和研究上。他採取的方法是，一方面對經文和鄭注進行分章和句讀，另一方面對汗漫的賈疏進行節略，至明意為止。保存鄭注和節略賈疏之間有著密切的邏輯關聯。張爾岐在表面上只是完整保留了鄭注，似乎並無研究。但我們知道，經書的注釋遵循的「疏不破注」，張爾岐對賈疏的節略帶有選擇性，解釋和補充鄭注。如再加上自己的按語，就更加突出了鄭玄注的地位。如《燕禮》末句的經文「有房中之樂」，鄭注：絃歌《周南》、《召南》之詩，而不用鍾磬之節也。謂之房中者，後夫人之所諷誦，以事其君子。賈疏引證的歷史事例太多，而且解說相當繁瑣，張節略謂：「疏云：承上文，與四方之賓燕乃有之。」並且表達自己的意見：「愚謂常燕有無算樂，恐亦未必不有也」。〔註 37〕四庫館臣謂：「是書全錄《儀禮》鄭康成注，摘取賈公彥疏而略以己意斷之。因其文古奧難通，故並為之句讀。」〔註 38〕對本書的學術特徵概括得非常精準。

　　但《儀禮鄭注句讀》一書中「愚按」的數量很少，張爾岐引用的主要人物也僅限於陳祥道《禮書》、朱子《儀禮經傳通解》、以及顧炎武等少數禮家禮作。這也說明《句讀》本身的研究成分是不足的，主要對《儀禮》文本的整理起著基礎性的作用。但張爾岐回歸鄭注的決定，無論出於有意的挑選，還是無奈的選擇，都對乾嘉以後以鄭注為中心的《儀禮》研究，產生了先啟而深刻的影響。

〔註 36〕關於清代《儀禮》研究回歸鄭注及敖繼公集說的地位問題，見彭林《清人的〈儀禮〉研究》，《清代學術講論》，廣西師範大學出版社，2005 年，第 38～41 頁。
〔註 37〕《儀禮》卷六，〔清〕張爾岐句讀，上海古籍出版社，2016 年，第 145 頁。
〔註 38〕《四庫全書總目·儀禮鄭注句讀句讀提要》，引自《儀禮》，〔清〕張爾岐句讀，上海古籍出版社，2016 年，第 463 頁。

（三）校勘研究

張爾岐對《儀禮》的研究，貢獻不止《句讀》。他的《儀禮監本正誤》和《儀禮石本誤字》，本為《儀禮鄭注句讀》的附錄，在清代校勘學上影響巨大。由於當時流行的十三經監本「校勘非一手，疏密各殊。至《儀禮》一經，脫誤特甚」，張氏乃取石本、吳澄本、監本進行校勘。張氏的校勘工作很仔細，他校正出通用本《儀禮》中誤字、脫字、倒置、經注混淆等情況，共計脫八十字，誤八十八字，羨十七字，倒置六處計十三字，經文誤細書一字，注文誤大書混經文二字。〔註39〕《石本誤字》是張氏校勘監本的副產品，「參訂監本脫誤凡二百餘字，並考《石經》脫誤凡五十餘字」，成績顯著。〔註40〕

這些校勘成績的取得，是張爾岐整理《儀禮》文本的產物。在《儀禮鄭注句讀》中，他就嘗試用唐石經來校正《儀禮》文本。如《士昏禮》不親迎者見婦父母之禮，今本《儀禮》為「對曰：某以得為昏姻之故，不敢固辭，敢不從。」《句讀》援引《唐詩經》作「某得以為昏姻之故。」對這這倒置的情況有所指出。「《少牢饋食禮》，吳氏云：『授尸』下有『尸受祭肺』四字。今案：《唐石》本亦無四字。他舉賈疏議論「食舉」，以為賈作疏時，經文尚有「尸受祭肺」四字，故吳云然也。〔註41〕正是在研究《儀禮》章句的過程中，張爾岐萌發了全面校勘的想法。《儀禮鄭注句讀》主要是解決《儀禮》的章句問題，重點是文本的整理。《句讀》的文字校勘，成績卓著，但只是句讀工作的副產物。

張爾岐的校勘精準，多數被學者所認同。亦有校勘存在商榷的餘地，如《鄉射禮》「箭籌八十，長尺有握」，張爾岐以為「握」當作「膚」，惠棟以為此說費解。〔註42〕不過張氏校勘的影響確是舉世公認的。他被陳壽祺稱譽為「禮家功臣」，〔註43〕胡培翬也以為：「國朝張稷若為《儀禮鄭注句讀》，始考正石本、監本誤字，厥後若吳東壁之《儀禮疑義》、沈貫雲之《儀禮小疏》、盛庸三之《儀禮集編》、戴東原之輯《儀禮集釋》，皆糾正誤字。而專以校讎名編者，則有金璞園之《正譌》、浦聲之之《正字》、盧抱經之《詳校》。至制

〔註39〕張爾岐：《儀禮鄭注句讀》附《儀禮監本正誤》，臺灣商務印書館景印文淵閣《四庫全書》本，第 108 冊第 249 頁。
〔註40〕〔清〕江藩：《國朝漢學師承記》，中華書局，1983 年，第 17 頁。
〔註41〕《儀禮》卷十六，〔清〕張爾岐句讀，上海古籍出版社，第 428 頁。
〔註42〕〔清〕惠棟：《九經古義》卷九，清文淵閣四庫全書本。
〔註43〕〔清〕陳壽祺：《左海文集》卷六，清刻本。

府阮公《校勘記》出，益詳且備。」〔註 44〕張爾岐無疑是開清代《儀禮》校勘風氣之先的人物。

總的來說，《儀禮鄭注句讀》主要進行了《儀禮》文本的整理，也有著自己的創見，主要以「愚按」的方式加以申論，但是數量較少。至於其校勘，其實萌發於整理經文和鄭注的需要，但卻在清代產生了非常重要的示範性影響。

三、從「落寂」到「揚名」

張爾岐從三十歲開始專研《儀禮》，花費三十年的光陰，寫成了《儀禮鄭注句讀》這部巨著。巨著雖然完成，但直至他臨終前仍未謄清。這部在乾嘉時廣受推崇的巨著，在清初卻鮮為人知。儘管有顧炎武等的推揚，顧氏稱其人「獨精三禮」，該書「實似可傳」，但事實上這本書流傳不廣。張在世時只有劉孔懷和顧炎武有抄本，直到乾隆八年此書的刻本才面世。本書的遭遇與它尚未謄寫，以及張爾岐交遊不廣，和當時的學術際遇、自身價值有關。

江藩《漢學師承記》稱張爾岐的交遊，云：「爾岐閉戶著書，是以世無知之者。平生交遊，炎武之外，則長山劉友生、樂安李象先、關中李中孚、王宏撰四人而已。」這一說法大體真實地反映了張爾岐的寡遊狀況。以張爾岐和顧炎武的交往而言，雙方更多地以書信的方式，在互相往復的問學中，結為畢生的友誼。張華松先生考察過張爾岐的交遊狀況。〔註 45〕但實話來說，除顧炎武和江藩所列舉的勝友外，張氏交遊的人多屬乏名之輩。在古代傳播條件並不發達的情況之下，張氏的這種寡交狀況，不可避免地影響到對於他的學術思想的傳播。《儀禮鄭注句讀》在清初的不顯，這是一個重要的原因。

《儀禮鄭注句讀》成書後，除稿本外有兩個抄本。顧炎武手錄一部藏山西祁縣所立書堂，長山劉孔懷抄一部藏於家。直到乾隆八年，才出現第一個刻本。據馬梅玉的考證，《句讀》最早的刻本是乾隆八年（1743）高廷樞和袁堂本，這離 1677 年張爾岐去世已經接近七十年。其他的刻本都在同治、光緒

〔註44〕〔清〕胡培翬：《儀禮經注校本書後》，《研六市文鈔》卷七，清道光十七年涇川書院刻本。

〔註45〕張華松：《張爾岐交遊考》，《孔子研究》2004 年第 3 期。

之間，〔註 46〕這正是《儀禮》研究的全盛時期，證明了《句讀》的學術價值得到廣泛的承認。

《句讀》被收入四庫全書，大大增加了它的影響。四庫館臣對於本書的分段和文字校勘給予了高度評價，謂「至於字句同異，考證尤詳。所校除監本外，則有唐開成石經本、元吳澄本及陸德明《音義》、朱子與黃榦所次《經傳通解》諸家。其謬誤脫落、衍羨顛倒、《經》《注》混淆之處，皆參考得實。又明西安王堯惠所刻《石經補字》，最為舛錯，亦一一駁正。蓋《儀禮》一經，自韓愈已苦難讀，故習者愈少，傳刻之訛愈甚。爾岐茲編，於學者可謂有功矣。」〔註 47〕

乾嘉間《儀禮》研究興盛，開始出現兩個方面的顯著變化。一是《儀禮》研究回歸鄭注，代表作是吳廷華《儀禮章句》、褚寅亮《儀禮管見》、凌廷堪《儀禮釋例》。一是多衣制、宮室及典章制度等方面的專門考證。如對深衣的考證，先後有黃宗羲《深衣考》、江永《深衣考誤》，對宮室的考證，先後有江永《儀禮釋宮增注》、任啟運《宮室考》等，對於祭禮的考證有任啟運《肆獻祼饋食禮》。禮學家們一直認為，張爾岐《儀禮鄭注句讀》是清代《儀禮》研究的先聲。

本書甫一問世，顧炎武便謂：「時方多故，無能板行之者。後之君子因句讀以辨其文，因文識其義，以通制作之原，則夫子所謂以承天之道而治人之情者可以追三代之英，而辛有之歎不廢於伊川矣。」〔註 48〕清中葉的《儀禮》研究專家胡培翬讚譽說：「《儀禮》之難讀也，宋元明以其業顯者，才數人相望耳。國朝則儀禮之學甚盛，自朱文端節略《儀禮》，方望溪九治《儀禮》而外，如丹陽姜孝廉上均、錢塘吳通守廷華，秀水盛處士世佐，寧鄉王徵君文清，海內皆推薦者。而濟陽張稷若先生爾岐則有《儀禮鄭注句讀》一書，有實為諸家先導。」〔註 49〕晚清曹元弼也強調說：「此書分章極細，按語亦多精確，經注讀本，莫此為善。吳氏廷華章句，有經無注，其自為說多謬，若但

〔註46〕 馬玉梅：《張爾岐〈儀禮鄭注句讀〉版本考略》，王政，周有斌主編：《古典文獻學術論叢》第 2 輯，黃山書社，2011 年，第 164～168 頁。一說，乾隆八年（1743），北平黃叔琳用木板刊印《儀禮鄭注句讀》。

〔註47〕 〔清〕永瑢，紀昀主編：《四庫全書總目提要》，海南出版，1999 年，第 113 頁。

〔註48〕 〔清〕顧炎武：《儀禮鄭注句讀序》，《亭林文集》卷二，四部叢刊影清康熙本。

〔註49〕 〔清〕胡培翬：《研六室文鈔》卷七《儀禮經注校本書後》，清道光十七年涇川書院刻本。

讀經文則可。」〔註50〕

從時間上講，《句讀》確然可稱清代《儀禮》研究的先聲。事實上，本書是未能參考朱子《通解》而轉向鄭注的無奈之舉，在清初也影響了了。本書在乾嘉時期的重顯，屬於對張爾岐《儀禮》研究成績的追認。張爾岐此書的價值，在乾嘉時期的《儀禮》研究中被發現和推崇，這從側面證明，清代的儀禮研究從朱學到鄭玄的轉移，在此過程中得到逐步的確認。

《大學》《中庸》重返《禮記》的
歷程及其經典地位的下降

石立善

摘要：歷來研究《大學》與《中庸》，多關注這兩篇脫離《禮記》作為四書獨立之後的情況，卻無人注意《大學》《中庸》在明清時代重返《禮記》的運動，這場運動的影響甚大，在思想史與學術史上的意義也非同尋常。本文通過詳細考察《大學》《中庸》在明清重返《禮記》的歷程，指出：《大學》《中庸》重返《禮記》的運動，在經學史與思想史上具有重要意義。《大學》《中庸》回歸《禮記》，由明代祝允明、郝敬及清初王夫之提倡，在古學興起的雍正、乾隆時代的官方修撰《禮記義疏》中，《大學》《中庸》正式重返《禮記》。《大學》《中庸》重返《禮記》，其積極的一面是恢復了《禮記》的文本完整性，豐富了禮學研究的內涵，而消極意義則在於直接地削弱了《大學》《中庸》的權威性與特殊性，導致兩者所具有的理學色彩的消退及經典地位的下降，有關兩者的性質及研究也被經學化、禮學化了，導致《四書》的地位亦為之下降。《大學》《中庸》重歸《禮記》，有著漢宋學術之爭的背景，也是清代學術轉向的一個重要標誌。

關鍵詞：《大學》；《中庸》；《禮記》；《四書》；《三禮義疏》；漢宋之爭

作者簡介：石立善，文學博士（日本京都大學），上海師範大學哲學系教授。

緒言

學界關於《大學》《中庸》的文本研究，一直集中兩書的作者、成書年代以及歷代《大學》改本、補傳、朱子《章句》本與陽明古本之爭《中庸》經

傳分離的爭辨等問題上，尤其集中在《大學》《中庸》兩篇脫離《禮記》作為四書獨立之後的情況。然而，迄今無人關注《大學》《中庸》在清代重返《禮記》的事實。筆者認為，明清時代《大學》《中庸》重返《禮記》的重要性決不亞於上述問題，本文通過詳細描述並考察這兩篇重返《禮記》的歷程與經典地位的變化及相關問題，試論其影響及經學史、思想史上的意義。

一、《大學》《中庸》於元代脫離《禮記》及明代的狀況

北宋二程表彰《大學》與《中庸》，朱子（1130～1200）繼起為撰《章句》，將此兩篇從《禮記》中抽出，與《論語》《孟子》合併為《四書》。程朱認為，《禮記》一書雜出漢儒之手，《大學》《中庸》是混入《禮記》的重要思想典籍。

《大學》與《中庸》脫離《禮記》而獨立，同時也宣告此二篇脫離傳統經學的範疇，成為理學之寶典、道統之淵源。朱子歿後，《大學》與《中庸》在文本上，至南宋末尚未完全脫離《禮記》，如魏了翁（1178～1237）《禮記要義》〔註1〕節編注疏，亦載錄《中庸》（卷二十七）、《大學》（卷三十一），此書乃其《九經要義》之一，是從經學研究著眼的經文及鄭注、孔疏的節錄本，屬於特例。而衛湜輯編《禮記集說》〔註2〕仍錄《中庸》（卷一百二十三至一百三十六）與《大學》（一百四十九至一百五十三），並會聚鄭玄《禮記注》、孔穎達《禮記正義》、陸德明《經典釋文》及程朱為首的兩宋學者之學說。

其實，對於衛湜《禮記集說》處理《大學》《中庸》諸家注解的態度，黃震（1213～1281）已提出質疑，云：

> 晦庵《章句》雖亦參錯其間，意若反有未滿於晦庵者。天台賈蒙又為《集解》，雜列諸家，晦庵《章句》之說又特間見一二而已。
> 〔註3〕

衛湜《集說》採錄諸家之說，而朱子《章句》僅為其中之一家，黃震感覺到衛湜對《章句》懷有不滿。至於天台人賈蒙編撰的《禮記集解》仍是雜列諸家之說，而所引朱子《章句》的學說只是零星一見而已。賈蒙的《禮

〔註1〕《禮記要義》，《續修四庫全書》經部第九十六冊所收影印南宋淳祐刻本，上海：上海古籍出版社，2002年。

〔註2〕《通志堂經解》本，臺北：藝文印書館影印，1971年。

〔註3〕《黃氏日鈔》卷二十五《讀禮記·中庸第三十一》。

記集解》〔註4〕久佚，從黃震的記載中可知，他也僅僅是將朱子《章句》作為其所選取的二十六家說解之一而已，採錄很少。黃震的潛臺詞很清楚，衛湜、吳蒙的書對於朱子《章句》重視遠遠不夠，《大學》《中庸》的部分專尊朱子一家之說足矣，但他並未提出讓《大學》《中庸》完全脫離於《禮記》。黃震在《黃氏日鈔·讀禮記》中，《中庸》以朱子《章句》本為主，略採諸家，間附己意；《大學》則先錄《禮記》古本，再錄朱子章句本，最後列董槐改本〔註5〕。

衛湜、魏了翁、黃震等皆為朱子學者，由此可知，在南宋朱子歿後，作為《禮記》篇章的《大學》《中庸》，與作為四書的《大學》《中庸》並行而不悖。

《大學》《中庸》脫離於《禮記》，肇始於元代理學家吳澄（1249～1333）《禮記纂言》〔註6〕。《禮記纂言》仿照朱子《儀禮經傳通解》的體例，統合三禮，分別經傳，歸類「儀禮正經」、「逸經」、「儀禮傳」，又以其餘《禮記》三十六篇類別為「通禮」、「喪禮」、「祭禮」、「通論」四類，而不載《大學》《中庸》。吳澄在《序》中稱：

> 《大學》《中庸》，程子、朱子既表章之，《論語》《孟子》並而
> 為《四書》，固不容復廁之禮篇。

經過程朱表彰的《大學》《中庸》在併入《四書》後，地位驟然升高，事實已不容許再留在《禮記》這樣的禮學典籍中。這是對理學新經典的尊重，也顯現了吳澄對程朱的無比尊崇。

此後，《禮記》專書之注本遂由四十九篇變為四十七篇，陳澔（1260～1341）《禮記集說》〔註7〕乃其濫觴。陳澔是朱子的四傳弟子，在撰於元代至治二年（1322）的《序》中謂：

> 《戴記》四十九篇，先儒表章《學》《庸》，遂為千萬世道學之
> 淵源。其四十七篇之文雖純駁不同，然義之淺深同異，誠未易言也。

「先儒」無疑是指程朱，陳澔認為《大學》《中庸》已成為千萬世道學之淵源，地位崇高，與《禮記》中的其他禮篇不可同日而語，必須脫離《禮記》而獨

〔註4〕《黃氏日鈔》卷十四《讀禮記一》：「天台賈蒙繼之，始選取二十六家，視衛、岳為要，而其採取亦互有不同，其書又惟儀真郡學有錄本，世罕得其傳。」
〔註5〕《黃氏日鈔》卷二十五《讀禮記·中庸第三十》、卷二十八《大學第四十二》。
〔註6〕《文淵閣四庫全書》本。
〔註7〕《文淵閣四庫全書》本。

立。陳澔在書中僅存篇目「中庸第三十一」、「大學第四十二」，不錄經文，並注云：

> 朱子《章句》。《大學》《中庸》已列《四書》，故不具載。

吳澄、陳澔皆為理學家，其言行出於必然。元仁宗皇慶、延祐年間恢復科舉，《四書》成為朝廷取士的必讀教科書〔註8〕，進一步提升並確立了《大學》《中庸》的權威性及程朱諸經注釋的地位。何異孫《十一經問對》則以《論語》《孝經》《孟子》《大學》《中庸》《尚書》《毛詩》《周禮》《儀禮》、《春秋》三傳、《禮記》為十一經。《大學》《中庸》與諸經並列，在元代的地位之高可想而知。

　　陳氏之後，元明兩代的《禮記》注本或禮書重編本等遂不載《大學》《中庸》，儼然成為慣例，而多仿陳書之體例，僅存篇目而已。明永樂年間，胡廣（1369～1418）等奉敕撰《禮記大全》〔註9〕所用藍本為陳澔《禮記集說》，並參用衛湜《集說》而成，《大全》自然遵守陳氏《集說》體例，不載《大學》《中庸》。明人徐師曾（1517～1580）《禮記集注》卷二十五《中庸》存篇目，卷二十九則載錄蔡清考定《大學》致知格物補傳八十六字〔註10〕，湯道衡《禮記纂注》〔註11〕從之。貢汝成《三禮纂注》〔註12〕之《禮記》部分分為十二卷，存《禮運》《禮器》《經解》《哀公問》《仲尼燕居》《孔子閒居》《坊記》《表記》《緇衣》《儒行》《學記》《樂記》十二篇，不載《大學》《中庸》。黃榦行《禮記日錄》〔註13〕僅存《大學》篇目，《中庸》篇目亦不載，湯三才《禮記

〔註8〕《元史·選舉志》：「考試程序：蒙古、色目人，第一場經問五條，《大學》《論語》《孟子》《中庸》內設問，用朱氏《章句集注》，其義理精明，文辭典雅者為中選。第二場策一道，以時務出題，限五百字以上。漢人、南人，第一場明經、經疑二問，《大學》《論語》《孟子》《中庸》內出題，並用朱氏《章句集注》，復以己意結之，限三百字以上；經義一道，各治一經，《詩》以朱氏為主，《尚書》以蔡氏為主，《周易》以程氏、朱氏為主，已上三經，兼用古注疏，《春秋》許用三《傳》及胡氏《傳》，《禮記》用古注疏，限五百字以上，不拘格律。」

〔註9〕日本京都中文出版社影印朝鮮李朝刻本。

〔註10〕《四庫全書存目叢書》經部第八十八冊所收影印明萬曆刻本，第839頁上段、883頁上段。

〔註11〕《四庫全書存目叢書》經部第九十三冊所收影印明刻本。

〔註12〕《四庫全書存目叢書》經部第一百零四冊所收明萬曆三年刻本。

〔註13〕《四庫全書存目叢書》經部第八十九冊所收影印明嘉靖刻本，《中庸》無存目，疑脫落；《大學》存目見第462頁下段。

新義》〔註 14〕、姚舜牧《禮記疑問》〔註 15〕、朱泰楨《禮記意評》〔註 16〕、
朱朝瑛《讀禮記略記》〔註 17〕等皆不載《大學》《中庸》。

　　李經綸（1507～1557）《禮經類編》取《周禮》《儀禮》《禮記》合而匯之，
以《曲禮》《經禮》《制禮》為大綱，而各繫以細目，三大綱後又有《三禮通
傳》，合併《禮運》《禮器》《坊記》《表記》及《哀公問》等篇，又冠之以《大
學》，終之以《中庸》。這應當是沿襲了《儀禮經傳通解・學解》收錄《大學》
《中庸》的做法。明末劉宗周（1578～1645）《禮經考次》歸類篇章，援引《大
戴禮記》之《夏小正》與《武王踐阼》入《禮記》，並以《孔子家語》補其闕，
卻不錄《大學》《中庸》〔註 18〕。在明代不僅是出於學者的《禮記》注本與重
編本，甚至連坊刻白文本《禮記》也大都刪《大學》《中庸》而不載，唯獨吳
勉學刊刻的白文十三經本，將《大學》《中庸》摘出而特置於《孝經》之後，
可謂平衡權宜之計。像為科舉而設的徐養相《禮記輯覽》〔註 19〕、楊鼎熙《禮
記敬業》〔註 20〕，像家塾講章一類的戈九疇《杭郡新刊禮記要旨》〔註 21〕、
馬時敏《禮記中說》〔註 22〕、童維岩《禮記新裁》〔註 23〕、楊梧《禮記說義
集訂》〔註 24〕，為鄉塾課蒙而作的陳鴻恩《禮記手說》〔註 25〕、許兆金《說
禮約》〔註 26〕以及注音本的王覺《禮記明音》〔註 27〕皆不錄《大學》《中庸》
的內容，其實況可想而知。盧翰《掌中宇宙》卷八《崇道篇》「十三經條」則
以《中庸》《大學》《易》《書》《詩》《春秋》《論語》《孝經》《孟子》《爾雅》
《禮記》《周禮》《儀禮》作為十三經。萬曆年間，吳勉學刊刻十三經白文本，
《禮記》僅存《大學》《中庸》篇目，卻在《爾雅》後列出朱子章句本《大學》

〔註 14〕　《四庫全書存目叢書》經部第九十一冊所收影印明刻本。
〔註 15〕　《四庫全書存目叢書》經部第九十一冊所收影印明萬曆刻本。
〔註 16〕　《四庫全書存目叢書》經部第九十四冊所收影印明天啟刻本。
〔註 17〕　《四庫全書存目叢書》經部第九十五冊所收影印明清鈔本。
〔註 18〕　《清史列傳・劉汋傳》，北京：中華書局，1987 年 11 月。
〔註 19〕　《四庫全書存目叢書》經部第八十九冊所收影印明隆慶刻本。
〔註 20〕　《四庫全書存目叢書》經部第九十五冊所收影印明崇禎刻本。
〔註 21〕　《四庫全書存目叢書》經部第九十冊所收影印明萬曆刻本。
〔註 22〕　《四庫全書存目叢書》經部第九十冊所收影印明萬曆刻本。
〔註 23〕　《四庫全書存目叢書》經部第九十二冊所收影印明刻本。
〔註 24〕　《四庫全書存目叢書》經部第九十三冊所收影印清康熙刻本。
〔註 25〕　《四庫全書存目叢書》經部第九十四冊所收影印明崇禎刻本。
〔註 26〕　《四庫全書存目叢書》經部第九十四冊所收影印明天啟刻本。
〔註 27〕　《四庫全書存目叢書》經部第八十八冊所收影印明刻本。

《中庸》之白文，與十三經對等並列，事實上已形成了「十五經」。可以說，《大學》《中庸》的經典地位在明代達到了頂峰。

但是，恰恰在這一時代，有人開始提出異議。祝允明（1460～1527）率先發難：

> 自宋以來始有「四書」之目，本朝因之，非敢妄議。愚謂《大學》《中庸》終是《禮記》之一篇，《孟子》之言羽翼孔氏，然終是子部儒家之一編耳，古人多有刪駁，國初亦嘗欲廢罷，故愚以為宜以《學》《庸》還之禮家，《論語》並引《孝經》同升以為一經。〔註28〕

祝允明認為《大學》《中庸》應當歸還《禮記》，《孟子》則歸入子部儒家類，《論語》與《孝經》合併升為一經，即廢除《大學》《中庸》及《孟子》的經典地位，而以《論語》《孝經》取代之。祝氏之言，看似輕描淡寫，其實另有目的，因為廢除《大學》《中庸》《孟子》，就等於廢除「四書」及程朱的四書學體系！

祝氏的反對僅見於言，付諸實際行動的則是百餘年後的郝敬（1558～1639）。郝敬在《禮記通解》〔註29〕書首所附《讀禮記》中云：

> 先儒以《大學》《中庸》兩篇為道學之要，別為二書。夫禮與道，非二物也。道者，禮之匡郭，道無垠堮，禮有範圍，故德莫大於仁，而教莫先於禮。聖教約禮為要，復禮為仁，禮儀三百，威儀三千，致中和，天地位，萬物育，此道之至極而禮之大全也，故曰：「即事之治謂之禮。」〔註30〕冠、昏、喪、祭，禮之小數耳。子曰：「民可使由之，不可使知之。」世儒見不越凡民，執小數，遺大體，守糟魄而忘菁華，如《曲禮》《王制》《玉藻》《雜記》則以為禮，如《大學》《中庸》則以為道，過為分疏，支離割裂，非先聖所以教人博文約禮之意。自二篇孤行，則道為空虛而無實地；四十七篇別列，則禮似枯瘁而無根柢，所當亟還舊觀者也。

郝敬強烈批判程朱抬高《大學》《中庸》之舉，認為禮與道為一，《大學》《中

〔註28〕 《懷星堂集》卷十一《貢舉私議》，《文淵閣四庫全書》本。
〔註29〕 《四庫全書存目叢書》經部第九十一冊所收影印明萬曆刻本，第 641 頁上段～下段。
〔註30〕 《禮記·仲尼燕居》：「子曰：『禮者何也？即事之治也。』」

庸》與其他四十七篇相輔相成，不可割裂，應當逗還《禮記》一書之舊觀。
郝書反對宋儒以《禮記》作為《儀禮》《周禮》之傳，過於重視《大學》《中
庸》，視之為「聖人約禮之教」、「先聖傳心要典」。郝敬在為唐自明《大學原
本闡義》撰寫的序文亦表達了同樣的觀點：「世儒疑其膚淺，別收戴聖《禮記》
《中庸》《大學》二篇，補湊為《四書》，專講性命、明德，以為理學。夫理
者裏也，一事一物之裏，而道者蹈也，天下古今共由之路，理隱而道顯，理
虛而道實，聖人言道不言理，道達於天下，即理行乎其中矣。二篇在禮，則
為根蒂，禮失此二篇，則成枯槁，二篇離禮，則墮空虛。道與禮，禮與性命，
非二也。」郝氏《禮記通解》卷十八、十九收錄《中庸》，卷二十一收錄《大
學》，以大篇幅重點加以疏解。郝氏認為《中庸》之朱子《章句》大為分曉，
而鄭注、孔疏則孟浪無足觀〔註31〕，其分章則依據朱子之說，略加改訂為三
十章；至於《大學》，則不從朱子經傳之分，採用古本解之。郝敬將《大學》
《中庸》恢復到《禮記》裏的做法，打破了三百多年來《禮記》著作不錄《大
學》《中庸》的慣例，此舉乃思想史上的一個偶發性的重要事件。

二、《大學》《中庸》於清代重返《禮記》及思想界的動向

　　時至清代，學界對於《大學》《中庸》態度發生了重大變化。最先做出舉
動的是王船山（1619～1692），其《禮記章句》採錄《中庸》《大學》，先錄朱
子《章句》，再以《衍》自出己意。船山於篇首云：

> 凡此二篇，今既專行，為學者之通習，而必歸之於《記》中
> 者，蓋欲使五經之各為全書，以見聖道之大，抑以知凡戴氏所纂四
> 十九篇，皆《大學》《中庸》大用之所流行，而不可以精粗異視也。
> 〔註32〕

船山的《大學衍》與《中庸衍》極力反駁陽明之說，可謂朱子《章句》之傳
疏，但其必歸《大學》《中庸》於原書，與郝敬的意圖略有不同，其意在恢復
《禮記》經文全貌，以顯現其書所昭示的儒家之道的整體性。但由於船山著
作遲至清代後期纔行於世〔註33〕，故其態度與做法在當時並未產生影響。船

〔註31〕《四庫全書存目叢書》經部第九十二冊，第 212 頁下段。
〔註32〕《禮記章句》卷三十一《中庸衍》，《續修四庫全書》影印本，第 478 頁上段。
〔註33〕如郭嵩燾於咸豐二年壬子（1852）讀《禮記章句》，注意到船山將《大學》《中
　　　　庸》歸入《禮記》而還戴氏之舊，郭著《禮記質疑》兼收《大學》《中庸》二
　　　　篇蓋受其影響，參《禮記質疑·自序》，長沙：嶽麓書社，1992 年 4 月。

山所謂「不可以精粗異視」，即不可將《禮記》中的篇章區分為精粗高低，此言當有所指。如清初尊朱的學者俞長城就曾提出，要將《禮記》從五經中廢黜，他認為《禮記》出自漢儒，其書之精粹在《大學》《中庸》，今二篇已入《四書》，其餘四十七篇特其粗者〔註34〕。

值得注意的是，清初有不少學者都不約而同地呼籲讓《大學》《中庸》回歸於《禮記》，劉宗周的弟子陳確（1604～1677）云：「駁歸《戴記》，猶是以《大學》還《大學》，未失六經之一也。而遽例以廢經，尤失情實。」儘管陳確沒有撰寫關於《禮記》的專門著作，也曾指斥《大學》非聖經、背離孔子之道，為偽書、為禪學，但仍然主張將其回歸《禮記》之中〔註35〕。相比之下，其同門黃宗炎（1616～1686）《周易象辭》卷四〔註36〕的批評更為有力而徹底：

> 割禮傳之《大學》《中庸》兩篇而孤行之，蓋由視禮為麤跡，而別求性與天道不可聞之微，以為上達，至使「慎獨」、「未發」紛紛聚訟，豈知「一日克己復禮，天下歸仁」恐非麤跡所能臻者！《大學》之修、齊、治、平，《中庸》直至參贊、位育、無聲無臭，亦只形容禮之至極爾。今欲割去本原，別尋妙幾，何其不入於釋氏也！

黃宗炎批評宋儒視禮為麤跡，去本別尋，誤入於禪佛。朱彝尊（1629～1709）的態度雖然相對溫和，但仍對《大學》《中庸》脫離《禮記》表示出了不滿：「朱子分為經傳，出於獨見。自《章句》盛行，而永樂中纂修《禮記大全》，並《中庸》《大學》文刪去之，於是誦習《章句》者，不復知有《戴記》之舊。」〔註37〕狂批朱子《四書章句》的毛奇齡（1623～1716）亦認為：朱子的「改本雖存，猶屬私藏，不過如二程所改之僅存於《二程全書》之中，不必強世之皆為遵之。而元、明兩代則直主朱子改本，而用以取士，且復勒之令甲，勅使共遵，一如漢代今學之所為『設科射策，勸以利祿』者，而於是朱子有《大學》，五經無《大學》矣！」〔註38〕朱子之改本（《章句》）僅為一家之言，

〔註34〕《俞寧世文集》卷一《五經去禮記議》，清康熙刻本。
〔註35〕《大學辨一·辨跡補》，《陳確集·別集》卷十四所收，北京：中華書局，1979年4月，下冊第563頁。
〔註36〕《文淵閣四庫全書》本。
〔註37〕《經義考》卷一百五十九「王氏（守仁）《大學古本旁釋》」條末按語，《四部備要》本。
〔註38〕《大學證文》，《文淵閣四庫全書》本。

而元、明以來則以朱子的本子用於科舉取士,卻令五經之《禮記》因此失去《大學》。李塨對經書的定義提出了全新的看法,他也認為《大學》《中庸》應當歸入《禮記》〔註39〕。錢曾(1629～1701)就批評元人何異孫《十一經問對》將《大學》《中庸》兩篇與《禮記》通列為三經的做法〔註40〕。

幾乎在同一時期,日本儒學家也提出了極為相似的看法,伊藤仁齋(1627～1705)否定《禮記》作為經書的權威性,為秦人坑燔之餘而成於漢人附會之手,《大學》絕非程朱所謂「孔氏之遺書」,乃未知孔孟血脈而熟讀《詩》《書》的戰國齊魯諸儒之作,後朱子妄分經傳,為害道之尤〔註41〕,故而伊藤據鄭玄之古本,重作《大學》定本〔註42〕;另一方面他還否定《中庸》的未發已發之說,視為《論語》之衍義〔註43〕。如此,伊藤從根本上顛覆了宋儒及道學之理論根基,罷黜《大學》《中庸》,而獨尊《論語》《孟子》。一海之隔,而觀點暗合如出一轍,足見質疑《大學》《中庸》兩篇的權威地位乃時代大勢之所趨。

清初另一部收歸《大學》《中庸》入《禮記》的著作,乃徐世沐(1635～1717)《禮記惜陰錄》。《禮記惜陰錄》成書於徐氏晚年七十四歲即1708年,其書不傳,今據《四庫全書總目》〔註44〕可略窺其書之特色:

> 是書合《曲禮》《檀弓》《雜記》各為一篇,刪古本上下之目,《大學》《中庸》二篇則仍從古本全錄,以成完書。每篇之首,各注其大意,每篇之末,各評其得失。所注多襲陳澔之文,而簡略彌甚。

徐世沐注文多襲陳澔《禮記集說》,館臣在文末又評其書為「講學家之談經類,以訓詁為末務」,可知徐氏是一位理學家,但其書卻摒棄《禮記集說》以來僅存《大學》《中庸》篇目的慣例,收錄兩篇古本全文。此舉雖然是為了恢復《禮記》的全貌,卻又不採朱子《章句》,其意圖與郝敬、王船山是否相同,實在是耐人尋味。康熙初年的張怡《三禮合纂》仿《儀禮經傳通解》,首《通禮》,

---

〔註39〕李塨《擬太平策》卷三《春官》,《顏李叢書》本。

〔註40〕《讀書敏求記》卷一「十一經問對五卷」條:「然《禮記》中《大學》《中庸》兩篇,河南程子始分為二書,而此竟同《禮記》列為三經者,何也?」

〔註41〕伊藤仁齋《大學非孔氏之遺書辨》(吉川幸次郎、清水茂校注《日本思想大系》第33冊《伊藤仁齋 伊藤東涯》所收,東京:岩波書店,1971年)及《大學定本》第十章注。

〔註42〕伊藤仁齋《大學定本》,古義堂正德三年(1713)序刊本。

〔註43〕伊藤仁齋《中庸發揮》,古義堂正德四年(1714)序刊本。

〔註44〕《四庫全書總目》卷二十四,北京:中華書局影印浙刊本。

次《祭禮》，次《王朝之禮》，次《喪禮》，其《通禮》則將《大學》《中庸》置於卷首，《大學》棄朱子改本，而從王守仁所解古本〔註45〕。

進入乾隆朝，官方編纂的《禮記》著作對《大學》《中庸》的處理做出了重大舉措。由張廷玉等奉敕編纂的康熙帝講筵記錄《日講禮記解義》〔註46〕，仍然謹守陳澔《禮記集說》以來的慣例，僅存《大學》（卷六十二）、《中庸》（卷五十六）篇目，注云「朱子《章句》」。然而不久之後，成書於乾隆十三年（1748）的官修《欽定禮記義疏》〔註47〕（李紱領纂，共八十二卷）卻將《大學》《中庸》二篇重歸之《禮記》，《大學》《中庸》皆用古本原文，經文之後依序排列鄭注、孔疏、朱子《章句》。《欽定禮記義疏》書首《凡例》云：

> 《中庸》《大學》二篇，自宋大儒編為《四書》，其後俗本《禮記》遂有止載其目而不列其文者，茲仍曲臺之舊，以尊全經，以存古本，兼輯朱注，以示準繩，而《正義》等條，概置勿用。

這是自元代陳澔《禮記集說》四百年來，官方的《禮記》注本首次恢復《大學》《中庸》。這一舉措的目的甚為明確：尊重《禮記》一書的完整性，保存古本的形態。不僅如此，《欽定禮記義疏》還為收錄《大學》《中庸》二篇而特別設立了與本書其他四十七篇不同的體例：

> 案《戴記》四十九篇，其四十七篇並用《正義》等六條編纂之例，獨《大學》《中庸》二篇不拘諸例，但全錄注疏於前，編次朱注於後者，一以示不遺古本之源，一以示特尊朱子之義。全錄注疏古本，方識鄭、孔羽翼聖籍之功，方見朱子之精心邃密，而注疏之是非得失，讀者自一目了然，故不拘諸例。〔註48〕

這項特設的體例，既體現了三禮館臣在處理上的謹慎態度，也顯示了《大學》《中庸》地位的特殊。《禮記義疏》一面不遺古本之源，一面特尊朱子之義，此乃兩全其美的折衷之舉——為了讓《大學》《中庸》重返《禮記》，《義疏》編者在理由說明上確實花費了不少心思與辭墨。《大學》《中庸》作為《四書》行世已久，影響深遠，故恢復二篇入《禮記》自然要慎之又慎。《義疏》收錄漢唐以來諸家學說，惟說之是者從之，至於義理之指歸，

〔註45〕《四庫全書總目》卷二十五。
〔註46〕《文淵閣四庫全書》本。
〔註47〕《文淵閣四庫全書》本。
〔註48〕《欽定禮記義疏》卷六十六《中庸》題解下案語。

則一奉程朱之說為圭臬。《四庫全書總目》對《義疏》恢復《大學》《中庸》
之舉，評價甚高：

> 其《中庸》《大學》二篇，陳澔《集說》以朱子編入《四書》，
> 遂刪除不載，殊為妄削古經，今仍錄全文，以存舊本。惟章句改從
> 朱子，不立異同，以消門戶之爭。蓋言各有當，義各有取，不拘守
> 於一端，而後見衡鑒之至精也。〔註49〕

館臣嚴厲批評陳澔《集說》刪削古經，割裂《大學》《中庸》之舉，其稱揚《禮
記義疏》之詞雖略有諛美之嫌，但對恢復《大學》《中庸》做出了積極的正面
評價。陳澔《集說》在明清兩代被奉為科舉教材之一，要推翻其說、其影響，
非官方而不能為。我們還發現館臣在《四庫提要》論述「禮記類」書籍時，
尤其對其書是否收錄《大學》《中庸》及所收為古本還是朱子《章句》加以特
別關注。無疑，這如實反映了清代中期官方對《大學》《中庸》與《禮記》的
兩者關係的敏感。

乾隆元年（1736）六月詔開三禮館，聚集人才，全祖望、吳廷華、惠士
奇等碩儒皆應招入館，開始了一項費時十三年的大型國家事業，系統地整理
闡釋三禮學，這項事業在繼承前代重視程朱理學的同時，還開啟了經學研究
的新風氣，而《禮記義疏》恢復《大學》《中庸》的特別處理，無疑廣受矚目。
參與過《三禮義疏》編纂工作的杭世駿（1696～1772），後來以一人之力纂集
大型彙編《續禮記集說》〔註50〕，其書採錄《中庸》（卷八十六至八十九）、《大
學》（卷九十七）古本，以鄭玄、孔穎達之說為主，又引清人毛奇齡、姚際恒、
毛遠宗等人之說，其思路是與《禮記義疏》一脈相承的。

《禮記義疏》恢復《大學》《中庸》的舉措，其實在目錄學上也有一定的
依據，因為歷來在兩篇的性質歸屬上並無定論。西漢劉向《別錄》屬《大學》
《中庸》為「通論」〔註51〕。關於《中庸》的著作，《漢書‧藝文志》將《中
庸說》歸入「禮類」，《隋書‧經籍志》及《舊唐書‧經籍志》因之〔註52〕。
宋元時代，《大學》《中庸》在目錄書籍分類中多被歸入到「禮類」或「禮記」
中，如鄭樵（1104～1160）《通志‧藝文略》經類，以《論語》自為一門，《大
學》《中庸》入「禮記」，《孟子》則入「子類」，《郡齋讀書志》卷一上、《遂

〔註49〕《四庫全書總目》卷二十一。
〔註50〕《續修四庫全書》經部一百一至一百二冊所收影印清光緒刻本。
〔註51〕參孔穎達《禮記正義》之《中庸》《大學》題解引鄭玄《三禮目錄》。
〔註52〕如《隋書經籍志》以戴顒《禮記中庸傳》、梁武帝《中庸講疏》等入「禮類」。

初堂書目》《直齋書錄解題》卷二皆劃入「禮類」。元代《四書》學制度化之後，元修《宋史·藝文志》、馬端臨《文獻通考》〔註53〕亦承襲宋代的分類，歸《大學》《中庸》於「禮類」。進入明代，目錄學典籍方始設立「四書類」，如《文淵閣書目》等皆歸《大學》《中庸》於「四書類」，清初所修《明史·藝文志》亦沿用前代慣例。但明清著述也有歸入「禮類」的，如《授經圖義例》卷二十將《大學》《中庸》列入「諸儒著述附歷代三禮傳注」類，《萬卷堂書目》卷一歸於「禮類」，《經義考》〔註54〕則歸入「禮記類」，倪燦（1627～1688）《補遼金元藝文志》則歸入「三禮類」。《千頃堂書目》著錄有明一代書籍，亦將訓釋《大學》《中庸》之著作皆歸入「禮類」，四庫館臣對此則提出了異議，並將二書的相關著作移入《四庫全書》經部「四書類」，其理由是：「以所解者《四書》之《大學》《中庸》，非《禮記》之《大學》《中庸》。學問各有淵源，不必強合也〔註55〕。」意謂朱子創立的《四書》體系的《大學》《中庸》，與《禮記》中的《大學》《中庸》乃兩套學術系統，可並存同行。又，《續通志》〔註56〕、《皇明通志》〔註57〕亦列入「四書類」，《清通志》〔註58〕則遵從《欽定續通志》之例。然而，同時代的《皇朝文獻通考》〔註59〕卻因為《禮記義疏》的出現，並據《文獻通考》的分類，重歸《大學》《中庸》著作於「禮類」之中，其書云：

> 按《大學》《中庸》二篇本《戴記》舊文，自陳澔《集說》以朱子編入《四書》，遂刪除不載，伏讀《欽定四庫全書》雖列入「四書類」中，而《欽定禮記義疏》則備錄全文，以復古今之舊。今謹遵編次，凡《大學》《中庸》之單行者，仍入「禮類」，且以從馬氏

〔註53〕 《文獻通考》卷一百八十一，日本京都中文出版社影印清刻本。
〔註54〕 《經義考》卷一百五十一至一百六十二，《文淵閣四庫全書》本。
〔註55〕 《四庫全書總目》卷二十一卷末按語，又同書卷三十五卷首解題云:「今從《明史·藝文志》例，別立「四書」一門，亦所謂『禮以義起』也。朱彝尊《經義考》於「四書」之前，仍立「論語」、「孟子」二類，黃虞稷《千頃堂書目》凡說《大學》《中庸》者皆附於「禮類」，蓋欲以不去餼羊，略存古義。然朱子書行五百載矣，趙岐、何晏以下古籍存者寥寥，梁武帝義疏以下且散佚並盡，元明以來之所解皆自《四書》分出者耳，《明史》併入《四書》，蓋循其實，今亦不復強析其名焉。」
〔註56〕 《續通志》卷一百五十六，《文淵閣四庫全書》本。
〔註57〕 《皇明通志》卷九十七，《文淵閣四庫全書》本。
〔註58〕 《清通志》卷九十七，《文淵閣四庫全書》本。
〔註59〕 《皇朝文獻通考》卷二百十四，《文淵閣四庫全書》本。

舊例焉。

可見《大學》《中庸》在目錄典籍中的歸類，明代以後一直搖擺不定，存在著矛盾。可以說，《禮記義疏》恢復《大學》《中庸》之舉，引起了目錄書籍在分類上的新的分歧〔註60〕。

一些學者對官方的舉措做出了反應，如李惇（1734~1784）認為：

> 《大學》《中庸》二篇，程朱自《戴記》取出，以配孔孟之書。
> 《大學》改正尤多，如臨淮入汾陽軍，一號令之，壁壘皆變〔註61〕。
> 數百年來，遵而從之，無可議矣。但《戴記》中猶當載其元文，使
> 學者知二書本來面目，並知程朱改訂之苦心。今惟注疏本尚載元文，
> 而不能家有其書，坊刻讀本止存其目，學者有老死而不見元文者，
> 竊謂急宜補刊，庶得「先河後海」之義。〔註62〕

李惇的看法是具有一定代表性的，因為注疏本雖保存了《大學》《中庸》古本古注的原貌，然世間所通行的《禮記》讀本僅存目而已〔註63〕，故亟需補入兩篇。古學興起，漢學家熱衷考據考古，對於古經古書及金石研究的熱忱高漲，而古書輯佚工作之興盛，是時代之必然。對於本未亡佚，卻被人為地割裂出原書的《大學》《中庸》，使其重歸《禮記》也是理所當然的。恢復經書古本原貌，對於漢學家來說當然是至關重要的，但是他們的目的不僅僅限於此。汪中（1744~1794）《大學平議》云：

> 《大學》其文平正無疵，與《坊記》《表記》《緇衣》伯仲，為
> 七十子後學者所記，於孔氏為支流餘裔，師師相傳，不言出自曾
> 子。……誠知其為儒家之緒言，記禮者之通論，孔門設教，初未嘗
> 以為「至德要道」。……宋儒既藉《大學》以行其說，慮其孤立無輔，
> 則牽引《中庸》以配之。〔註64〕

〔註60〕 參照文末所附《歷代目錄典籍《大學》《中庸》歸屬表》。

〔註61〕 「臨淮」指唐代李光弼，「汾陽」指郭子儀，李光弼代郭子儀為朔方節度使、兵馬元帥，光弼治軍嚴格，軍風為之一變。參《資治通鑑》卷二百二十一《唐紀三十七》「唐肅宗乾元二年」條。

〔註62〕 李惇《群經識小》「大學中庸」條，《皇清經解》卷七百二十二，臺北：藝文印書館影印本第二十三冊，第8435頁下段。「先河後海」，《禮記·學記》：「三王之祭川也，皆先河而後海，或源也，或委也。此之謂務本。」

〔註63〕 梁清遠《雕丘雜錄》卷八《採榮錄》：「《大學》《中庸》原附《禮記》中，是以宋人引《學》《庸》語皆謂『《禮》曰云云』，自明定為四書，而《學》《庸》乃不入《禮記》，今《禮記》尚存《學》《庸》篇目，文實不載焉。」

〔註64〕 《大學平議》，《新編汪中集》所收，揚州：廣陵書社，2005年3月，第381頁。

汪中力駁理學家將《大學》作為道德形上學的經典，主張此篇與其他一些《禮記》篇章的性質無異，故而應當將之歸為「記禮通論」即禮學篇章之一，他從《大學》的作者與主旨兩方面來完全否定其書具有的哲學性質與崇高地位，試圖徹底推翻《大學》。這番露骨至極的反宋學的言論，表明了漢學家力圖將《大學》《中庸》歸之《禮記》的真正目的。《大學》《中庸》重返《禮記》，必將導致兩者作為理學經典的色彩的消退及經典地位的下降。「四書」的形式將不復存在，而程朱以來理學家們苦心構築的思想體系亦隨之瓦解。方東樹（1772～1851）《漢學商兌》（卷下）〔註65〕還指出汪中甚至認為不應立有《四書》之名，有人還屏棄朱子《集注》而禁止子弟不許誦讀，可見連《四書》是否成立，《集注》是否要讀，都成了漢宋學術之爭的一個焦點問題。如凌廷堪（1757～1809）云：

> 《大學》《中庸》，《小戴》之篇也，《論語》《孟子》，傳記之類也，而謂聖人之道在是焉，別取而注之，命以「四書」之名，加諸六經之上，其於漢唐諸儒之說視之若弁髦，棄之若土苴，天下靡然而從之，較漢魏之尊傳注，隋唐之信義疏，殆又甚焉！〔註66〕

汪中與凌廷堪的態度，與明人祝允明意欲取消《四書》的看法不謀而合。清代經學的變化與特徵，一言以蔽之，即五經的地位上升，而《四書》地位的相對下降。貶低《大學》《中庸》的學術價值，使兩篇重歸之《禮記》，亦昭示著四書地位的下落。

梁章鉅《退庵隨筆》卷十五云：

> 朱子之《章句集注》，積平生之力為之，垂沒之日，猶改定《大學·誠意章》注，凡以明聖學也。元延祐中用以取士，而闡明理道之書遂漸為弋取功名之路，至《大全》出而快捷方式開，入比盛而俗學熾，馴至高頭講章行，非惟孔、曾、思、孟之本旨亡，並朱子之《四書》亦亡矣！

其言絕非危言聳聽，朱子的《四書章句》自元代延祐年間成為科舉取士的科目以來，在明代就已發生質變，淪為俗學，成為讀書人獵取功名的手段，而《四書大全》的出現則將四書學本身導向了生死存亡的關口。以致於明清兩代很多有識之士都對《四書》抱有深深的厭惡之感，即不反程朱，而

〔註65〕 方東樹《漢學商兌》。臺北：廣文書局影印清道光刊本，1963 年 1 月。
〔註66〕 《校禮堂文集》卷二十三《與胡敬仲書（癸丑夏）》。

反理學、反四書。這是《大學》《中庸》重返《禮記》呼聲高漲的背景之一。

那麼，主張漢宋調和的學者對此又持有何態度呢？如翁方綱（1733～1818）在《禮記附記》於《大學》《中庸》著墨最多〔註67〕，還批評陳澔《雲莊禮言集說》不應當刪省《中庸》，謂「奚若存《章句》於《禮》注疏後，使學者備研核之為得歟！〔註68〕」主張載錄《中庸》《大學》經文，並將朱子《章句》排列在注疏之後，可謂調停折衷之論。

同時，一些成於理學家之手的《禮記》類編本也都開始收錄《大學》《中庸》。王心敬（1656～1738 年）《禮記彙編》取《禮記》四十九篇，以己意重新排纂，分為三編。上編首孔子論禮之言，曰《聖賢訓拾遺》；次以《大學》《中庸》；又次以《曾子拾遺》《諸子拾遺》；又次以《樂記》。中編括《記》中禮之大體，曰《諸儒紀要》；次以《月令》；又次以《王制》；又次以《嘉言善行》。下編聚列《記》中瑣節末事及附會不經之條，曰《紀錄雜聞》，以《大學》為「斯禮之包絡」，《中庸》為「斯禮之根柢」。任啟運（1670～1744）《禮記章句》類編全書，則以《大學》《中庸》冠首，作為全書之「統宗」。乾嘉以來，漢學家出於漢宋之爭，凡所著述直以《大學》《中庸》歸之《禮記》，卻不稱《四書》〔註69〕。

需要指出的是，《大學》《中庸》重返《禮記》的道路並不平坦，清初以來一些學者仍然遵循舊例，在訓解《禮記》的著作中不收錄《大學》與《中庸》，如萬斯大（1633～1683）《禮記偶箋》〔註70〕、李光坡（1651～1723）《禮記述注》〔註71〕、張沐《禮記說略》〔註72〕、姜兆錫《1666～1745》《禮記章句》〔註73〕僅存篇目，不解《大學》《中庸》。方苞（1668～1749）《禮記析疑》、吳廷華（1682～1759）《禮記疑義》皆不錄或不釋《大學》《中庸》，又如禮學家江永（1681～1762）《禮記訓義擇言》不收錄《大學》《中庸》，其另一部著

〔註67〕《禮記附記》卷七《中庸》、卷九《大學》，《續修四庫全書》經部第一百三冊。
〔註68〕《禮記附記》卷七《中庸》，《續修四庫全書》經部第一百三冊，第624頁。
〔註69〕郭嵩燾《王實丞四書疑言序》，《養知書屋詩文集》卷三，臺北：文海出版社影印清光緒壬辰（1892）刻本，第112頁，1967年。
〔註70〕《續修四庫全書》經部第九十八冊所收影印清乾隆刻本。
〔註71〕《文淵閣四庫全書》本。李光坡僅在書中略論《大學》可能是出自曾子本人之筆，或為曾氏之宗傳。
〔註72〕《四庫全書存目叢書》經部第九十五冊所收影印清康熙刻本。
〔註73〕《續修四庫全書》影印本。

作《禮書綱目》〔註74〕也僅列《大學》《中庸》為「通禮」第十七、十八，存目並注云：「自有朱子《章句》，今止存其篇目」、「自有朱子《章句》，今亦但存其篇目。」郝懿行（1757～1825）《禮記箋》亦存《大學》《中庸》篇目而不解之。李調元（1734～1803）《禮記補注》〔註75〕謂「原本有《中庸三十一》章，今取入《四書》篇內」、「此篇上有《大學第四十二》，今入《四書》，不載。」劉沅（1767～1855）《禮記恒解》卷三十一《中庸》、卷四十二《大學》僅存目，云：「今仍《四書》之舊，另有論注，茲不復贅。」潘相《禮記鰲編》〔註76〕是一部《禮記》類編本，其書分十類，《大學》《中庸》與《學記》《文王世子》《經解》等三篇被編入為「大學之方類」，但《大學》《中庸》不錄經文，僅各錄朱子《章句》篇題下所載二程之語而已。上述大多數人的意圖不得而知，但這些遵循舊例的做法也從側面反應了朱子《章句》及陳澔《集說》的影響之大，在一些學者心中不可動搖。

實際上，如何處理《大學》《中庸》與《禮記》的關係，在朱子學者之間也存在分歧。如清代具有代表性的兩部《禮記》新疏的處理方法正相反，孫希旦（1737～1784）《禮記集解》重視禮義、禮制及義理，其書沿襲陳澔《集說》之舊，僅存《大學》《中庸》之篇目而不錄正文〔註77〕，而時代稍晚的朱彬（1753～1843）《禮記訓纂》重視訓詁、校勘及名物，採錄《中庸》正文，並錄古本《大學》正文，繼之以朱子所考定《大學》（不錄《補傳》）〔註78〕。孫、朱二人皆為篤實的朱子學者，而做法卻大相徑庭，頗耐人尋味。

當時，宋學方面有人對歸《大學》《中庸》於《禮記》的風潮，做出了有力的回應。冉覲祖（1637～1718）《禮記詳說》凡一百七十八卷，是繼南宋衛湜《禮記集說》以來的大型注釋書，冉氏於卷首《禮記總論》反駁明人郝敬謂先儒割裂《大學》《中庸》於《禮記》之說，云：

> 京山立說，多與朱子背馳，謂先儒以《學》《庸》二篇別為二書，支離割裂，當亟還舊觀，責先儒以割裂《禮記》而不自知，其致譏謗《四書》。《禮記》四十九篇，真贗純駁，雜然並收，先儒擇其精者，令幼學急讀之，及能治全經，則二篇固在，又何病乎割裂

〔註74〕《禮書綱目》卷六十七，《文淵閣四庫全書》本。
〔註75〕《續修四庫全書》經部第一百三冊，第775頁下段、780頁上段。
〔註76〕《續修四庫全書》經部第一百三冊，第39頁上段～下段。
〔註77〕北京：中華書局點校本，第1296頁、1410頁。
〔註78〕北京：中華書局點校本，第772～780頁、866～873頁。

也！〔註79〕

《禮記詳說》書首附陳澔《禮記集說序》，理學色彩極為明顯，書中不錄《大學》《中庸》，僅於卷一百五十五、一百六十九存目而已。冉覲祖的看法接近宋儒，即區分《禮記》各篇的性質，評判其價值，擇其精要者為我所用，故而《大學》《中庸》即使獨立亦未嘗不可。冉氏還回擊了詆毀《四書》的聲音，故其響應對象應該不僅僅是郝敬一人，而是當時洶湧的風潮。在否定《大學》《中庸》的背後，漢學家們的矛頭所指乃四書學體系，四書學體系正是程朱理學的理論基盤，否定與摧毀四書學體系即意味著程朱理學體系的瓦解。

《大學》《中庸》回歸《禮記》的聲音，直至清末仍然不衰，俞樾（1821～1907）《取士議》〔註80〕云：「第二場試經義五道，仍如今制，以《易》《詩》《書》《春秋》《禮記》出題，《大學》《中庸》歸併在《禮記》中，不必別出試文。」在這篇討論科舉考試科目與內容的文章中，俞樾認為《大學》《中庸》可以歸併入《禮記》之中，不必單獨別出試文。然俞氏弟子章太炎（1869～1936）的態度則更為激烈：「現在只看二程自二程，《大學》自《大學》，自然應該改還古本，又何必用朱子《章句》呢？」「若說實話，《大學》《中庸》，只是《禮記》中間的兩篇，也只是尋常話，並沒有甚麼高深玄妙的道理，又不能當作切實的修身書，只要還歸《禮記》，也不必單行了。」〔註81〕章氏的這番話若放在學術史上可謂是驚世駭俗，然自激蕩求變的清末民初時代觀之，竟是打破一切偶像與傳統權威的常識了。章氏的這一論調傳存至今，宣告了程朱理學的徹底沒落與衰微。

結語

孔門之《大學》《中庸》本單篇別行，在西漢由戴聖編入《禮記》，成為禮學通論，在宋代經二程、朱子彰顯而獨立，與《論語》《孟子》形成四書，遂成為理學經典，最後在清代又重新返回《禮記》。我們可以從《大學》《中庸》的歸屬變遷中，理清與把握儒學發展的一條主要脈絡。讓《大學》《中庸》重返《禮記》，由明代祝允明、郝敬首倡，清初王船山等亦持此論調，其正式

〔註79〕《四庫全書存目叢書》經部第九十六冊所收影印清光緒刻本，第84頁上段～下段。

〔註80〕俞樾《賓萌集》，清光緒刻《春在堂全書》本。

〔註81〕《經的大意》（一九〇七年至一九一〇年講於日本），章念馳編訂《章太炎演講集》，上海：上海人民出版社，2011年9月，第72頁。

重返《禮記》則是在古學興起的雍正、乾隆時代，此時的思想界提倡尊經崇古，回歸原典。《大學》《中庸》重返《禮記》，積極的意義是恢復了《禮記》的文本完整性，再現古本之原貌，豐富了禮學研究的內涵，而消極的意義呢？晚清的朱子學者郭嵩燾（1818～1891 年）即指出：「雍、乾之交，樸學日昌，博聞強力，實事求是，凡言性理者屏不得與於學，於是風氣又一變矣！乃至並《大學》《中庸》之書蔑視之，以為《禮運》《學記》之支言緒論。〔註82〕」這一指謫非常銳利，令《大學》《中庸》重返《禮記》的結果，致使此二篇與其他四十七篇降為一個等級，直接地削弱了其權威性與特殊性，導致《大學》《中庸》所具有的理學色彩全面消退，經典地位大幅下降，其性質及研究也被經學化、禮學化了，導致「四書」的地位亦為之下降。《大學》《中庸》重歸《禮記》，可謂是清代學術轉向的一個重要標誌，是漢學家對於程朱理學的一個反動。圍繞著此事的各種著述、議論及反應，也映像出了清代學術與思想的糾葛與複雜。可是，事實上《大學》《中庸》重返《禮記》之後，漢學家們大都採取敬而遠之的迴避態度，並未撰作出一部在思想上能夠超越朱子《章句》的注本與解釋，或以《章句》為主疏解之，或是增錄鄭注、孔疏，僅供讀書人參考而已。至清末為止，科舉考試所用的及世上通行的《大學》《中庸》的本子仍舊是朱子《章句》本，讀書人無不誦習之。這場思想運動的結果，由於沒有出現一個權威的注本（包括《禮記》在內），《大學》《中庸》僅僅是在形式上重返《禮記》而已。

【附記】本文曾於首屆禮學國際學術研討會（2012 年 4 月 8 日）、國際四書學學術研討會（2012 年 4 月 28 日）上宣讀，發表於《國學學刊》2012 年第 3 期，後收入《極高明而道中庸：四書的思想世界》（北京：中國社會科學出版社，2016 年 12 月）。此為修訂版。

【補記】石立善教授於 2019 年 12 月 18 日因病逝世，享年 47 歲。他是中國經學研究會的發起人之一，生前為經學研究的發展傾注了大量心力。對於他的不幸逝世，我們深表哀痛！

〔註82〕郭嵩燾《大學章句質疑序》，《養知書屋詩文集》卷三，第 104～105 頁。

「走出荒經時代」：2019 年全國經學學術研討會會議綜述

李帥

　　上海社會科學院歷史研究所曾為海內經學研究重鎮，一時高手雲集，周予同先生就是旗手。由於經學研究在一段時間內處於邊緣化位置，本所的經學研究也遭遇漫長的寒冬。自司馬朝軍研究員來到本所，力圖改變這一現狀，意欲完成由周予同先生提出的三大課題，即《中國經學史》的編撰、《清經義考》的編纂、「從顧炎武到章太炎」的學路梳理。2019 年 4 月 19 日～22 日，《傳統中國研究集刊》編輯部與位於南孔聖地的衢州學院合作，在衢州國際大酒店召開題為「走出荒經時代」的全國經學學術研討會。來自北京大學、復旦大學、武漢大學、中山大學、山東大學、蘭州大學、上海大學、安徽大學、上海師範大學、井岡山大學、孔子研究院等高校和科研機構的 20 餘位專家學者，圍繞百年經學研究的回顧、經學專題研究、《中國經學史》的編纂問題、孔氏南宗與儒家文化研究四個專題展開了深入交流。

　　在 4 月 20 日上午舉行的開幕式上，首先由衢州學院吳錫標教授致歡迎辭，並介紹了衢州市的基本情況，衢州學院的辦學歷史、近年來在學術研究和社會建設方面所取得的主要成績。然後由中國孔子研究院「尼山學者」特聘研究員丁鼎教授、上海大學寧鎮疆教授、上海師範大學石立善教授做主題發言。丁鼎先生指出，南孔北孔，同宗同源，此次會議在南孔聖地衢州召開，無疑具有特殊意義，「走出荒經時代」即是要「為往聖繼絕學」，本次會議肩負挖掘和闡發儒學思想的重任。寧鎮疆教授認為，經學研究要回歸文本，秉持開放的胸懷，加強與考古學、出土文獻等研究領域的交流，以助於走出「荒

經時代」。石立善教授首先指出本次會議與 2018 年杭州舉辦的「漢唐注疏思想沙龍」的淵源，然後提出經學研究應該向古籍保護工作者學習，加強團體建設，希望本次會議能推動「經學學會」成立。而後，與會專家就自己提交的論文發表演說，並展開討論。

丁鼎教授以《〈禮記〉與「內聖外王」之道論綱——以〈大學〉〈中庸〉為討論中心》為題指出「內聖外王」是道德與政治的統一，是儒家的最高理想，《大學》《中庸》集中闡述了儒家「內聖外王」之道。河北師範大學張懷通教授的《〈牧誓〉所載牧野之戰史實考疑》指出「步伐止齊」是武王針對軍陣作戰方式而對士卒提出的特定要求，揭示了巴人以虎賁身份參加牧野之戰，不是周人的同盟，負責衝打頭陣。山東大學王承略教授等以《兩漢〈尚書〉歐陽學析論》為題，揭示了漢代《尚書》歐陽學獲得官學獨尊地位的三個原因：第一，經說貼近伏生原義，不隨意變更師法；第二，學者大多品行高尚，堅定操守；第三，桓氏、楊氏等世家貴冑的學習推動其流傳；上海社科院司馬朝軍研究員以《黃侃經學述論》為題，梳理了黃侃對《周易》《尚書》《詩經》《春秋》等經典的研究及其解經方法與特色，總結出黃侃經學具有重視漢唐家法，輕視清人經解；重視古文經學，輕視今文經學的特點。寧鎮疆教授的論文題目為《由帛書〈易傳〉解〈謙〉卦申論清華簡〈保訓〉的「三降之德」》，文章指出對《周易》《謙》卦的解讀，今本《易傳》中從未涉及到具體的人和事，但在帛書《易傳》中則與舜和禹的事蹟聯繫在一起，並引出「三降之德」的概念，這在清華簡《保訓》中也有涉及，「三降之德」應當指能夠多次謙下之德。武漢大學文學院曹建國教授的論文為《〈毛詩鳥獸草木蟲魚疏〉中的漢魏風物》，指出了博物學進入經學的問題，揭示出經學詮釋從政治型到知識型的轉變。安徽大學徐道彬教授發表題為《徽州禮學發展與晚明考證學風》的論文，以金瑤《周禮述注》、程明哲《考工記纂注》、姚應仁《檀弓原》三部著作為例，說明晚明學風並非空疏不實，而是已經預示和展現出一定規模的實學考證之風，從而表明任何時代的學術都非鐵板一塊，而是具有多面性。中南民族大學孔定芳教授以《從「清初之學大」至「乾嘉之學精」——清學發展演變的內在理路》為題，點明明清之際，批判禪學化的心學促成學風棄虛蹈實的轉向；康熙中葉以來，對宋明理學經典的辯偽解構了理學道統合法性；乾嘉時則建構了新道統論的學術理路。井岡山大學文學院鄧聲國教授以《東晉時期〈喪服〉詮釋略論》為題，從詮釋範疇、著述者的學術

背景、學術自身的學術傾向、著述體式四個方面論述了東晉時期《喪服》詮釋研究的特色。五邑大學文學院龐光華教授《論清華簡〈說命〉不是原始古本〈尚書·說命〉》一文列舉十三條證據，證明清華簡本《說命》不可能是原始真本的《說命》，同時指出簡本《說命》在語言上也有其古老性的一面。中山大學哲學系周春健教授《從〈四庫總目〉經部四書類看元代孟子學》一文指出元代孟學具有「有所發明」、「融貫經義」、「皆有根柢」、「非苟門戶」等可觀處，也有「門戶之見」、「失於考核」、「轉相稗販」等值得批判處。黃岡師範學院曾軍教授以《傳統禮學範式及其文化轉向》為題，通過對古代圖書目錄中禮書目錄的梳理，指出傳統禮學的現代轉化具有從禮樂教化轉變為禮樂文化的特點。復旦大學出版社胡春麗編審的論文題目是《論毛奇齡的〈大學〉研究》，文章討論了毛奇齡所列的十一種《大學》版本，得出毛奇齡的《大學》學有回歸原典傾向的結論。上海博物館陳才博士《近四十年來朱子詩經學研究概覽》一文對當代朱子詩經學研究的成就及不足予以歸納總結；蘭州大學敦煌學研究所副教授劉全波博士以《經鈔類文獻的源與流》為題，交代了經鈔類文獻的產生、發展與消亡的歷史軌跡，並對其原因做了初步設想，提出現在有重新發現經鈔類文獻，探索其價值的必要。上海大學趙爭博士以《從出土文獻看漢代〈詩經〉流傳及〈詩〉學家派問題》為題，揭示了漢代的《詩經》流傳與《詩》學流變政體上呈現出一種官方與民間、統一與分化並行的雙軌制狀態，四家《詩》概念框架對於討論漢代《詩經》流傳及《詩》學流變存在有效性及適用邊界問題。安徽大學王獻松博士的論文題目是《汪紱〈六禮或問〉與清代朱子〈家禮〉學》，揭示出《六禮或問》是一部在繼承朱子《家禮》基礎上，以「明禮意」為思想宗旨，系統闡發《家禮》禮意，並進一步擴展到社會治理方面的一部禮學著作，是清代朱子《家禮》學研究的新動向，在清代禮學史上具有重要的學術地位。安徽大學博士後蘇正道的論文是《從「落寞」到「揚名」——張爾岐〈儀禮鄭注句讀〉與清初儀禮學的轉進》，文章揭示出清代《儀禮》研究具有從朱學到鄭學轉移的特點，張爾岐的《儀禮鄭注句讀》開此先聲。石立善教授的論文題目是《程伊川〈易傳〉探微》，文章對程伊川《易傳》中「君臣共治天下」的政治理想予以揭示。

4 月 21 日下午，司馬朝軍研究員主持圓桌會議。與會專家就中國經學研究會的籌建與經學發展問題各抒己見。大多數與會專家認為，經學研究方面的全國性甚至國際性學會如周易研究會、尚書研究會、詩經研究會等早已成

立，而「中國經學研究會」一直沒有成立。在全面復興中國傳統文化的今天，中國經學研究會的籌建早就應該提上議事日程。會議商定由司馬朝軍研究員牽頭籌備工作，並在適當的時候宣布籌建名單，盡快建立經學研究平臺，加強經學交流與合作，為往聖繼絕學，走出荒經時代！

　　「走出疑古時代」，這是前人的呼喚；

　　「走出荒經時代」，這是新時代的呼喚！